한국, 미완의 기적

지은이	|	허화평
펴낸이	|	이재욱
펴낸곳	|	(주)새로운사람들
초판 인쇄	|	2023년 4월 19일
초판 발행	|	2023년 4월 25일
디자인	|	나비 02.742.8742
주소	|	서울 도봉구 덕릉로 54가길 25(창동 557-85, 우 01473)
전화	|	02)2237-3301, 02)2237-3316
팩스	|	02)2237-3389
이메일	|	ssbooks@chol.com

ISBN 978-89-8120-653-6(03300)
@허화평, 2023
modoobooks(모두북스) 등록일 2017년 3월 28일/ 등록번호 제 2013-3호

책값은 뒤표지에 씌어 있습니다.

허 화 평

한국、미완의 기적

새로운사람들

한강의 기적에도
여전히 미완인 나라

이 책은 2022년 8월 10일부터 10월 20일 사이에 4회에 걸쳐 이영훈 교수가 운영하는 〈이승만 학당 TV〉에서 강연했던 내용을 약간 수정·보완하고 '역사의 종말론'을 새롭게 추가한 내용으로 구성되어 있다.

책으로 출간하게 된 동기는 강의 주제들이 지식인이라면 상식적으로도 알고 있어야만 하는 것들임에도 일상의 삶에서 거의 무시되었거나 논의조차 되지 않았기 때문에 책으로 펴냄으로써 읽는 이들에게 도움을 주고자 함에 있다.

1948년 8월 15일 건국 이래 대한민국이 이룩한 성취는 국제사회가 놀랄 만큼 대단한 것이지만 성취가 남긴 그늘 역시 짙게 드리워져 있는 것도 부인할 수 없다.

박정희 대통령이 맨손으로 출발하여 수출 1억 달러를 달성하고 축하하면서 '수출의 날'을 결정한 것이 1964년 11월 30일이었고 전두환 정권이 유사 이래 최초로 자립경제(自立經濟)를 달성하고 연 수출액 347억 달러, 연 수입액 316억 달러로 건국 이래 처음으로 무역

수지 흑자를 기록한 것이 1986년이다.

　이로부터 36년 후인 2022년, 라면업체가 약 8억 달러에 달하는 수출을 했고 삼성전자가 역대 최고액 수출탑인 '1200억 달러 탑'을 수상했다. 2022년 총수출 예상액 6,800억 달러가 달성되면 수출 순위가 7위 국가에서 6위 국가가 될 것이라는 언론 보도가 있었다. 실로 상전벽해(桑田碧海)와 같은 변화이자 발전이라 아니할 수 없다. 건국 후 74년, 5·16 군사혁명 후 61년 만에 이룩한 위업이다.

　오늘날 자유대한민국은 민주공화국이자 세계 10위 경제 강국, 세계 5대 산업 강국, 세계 6위 군사강국이고 대학 졸업률이 가장 높은가 하면 지금은 문화, 스포츠 강국으로 발돋움하고 있는 국가다. 우리는 이것을 두고 '한강의 기적'으로 자랑스러워하고 있다. 그러나 정치, 법치, 시민사회 면에서는 전 근대적 수준을 벗어나지 못하고 있는 불균형(不均衡) 발전 국가다.

　따라서 정치, 법치, 시민사회의 근대화가 마무리 되어야만 한강의 기적이 완성되어 명실상부한 균형 잡힌 선진국이 될 수 있다. 그러나 지금은 1/2의 근대화, 1/2의 기적에서 주춤거리고 있는 것이 대한민국임을 강조하고자 했다.

목차

004　　　책머리에 / 한강의 기적에도 여전히 미완인 나라

제1장 │ 한국사회와 지식인의 언어 사용

014　　　언어의 힘
014　　　　　• 아테네 민주주의와 페리클래스의 언어
016　　　　　• 로마 공화주의와 키케로
017　　　　　• 기독교와 Jews
018　　　　　• 프랑스의 혁명구호
018　　　　　• 비트겐슈타인의 견해
019　　　　　• 조지 오웰의 견해
019　　　　　• 서구 사상가들의 일반적 견해
021　　　세상을 바꾼 언어들
021　　　　　• 볼셰비키
021　　　　　• 윈스턴 처칠의 연설
022　　　　　• 마틴 루터 킹
022　　　　　• 로널드 레이건 대통령
023　　　　　• 블라디미르 젤렌스키 대통령
023　　　　　• 이승만 대통령
024　　　　　• 박정희 대통령
025　　　주요 언어들
025　　　　　• 사상(thought)
026　　　　　• 이데올로기(ideology)
027　　　　　• 노선(路線)
028　　　　　• 우익(우파, right)과 좌익(좌파, left)
029　　　　　• 보수와 진보
030　　　한국 지식인의 언어 사용

030	• 정치 지도자들의 언어
031	• 우파 지식인의 언어: 무지하다
033	• 좌파 지식인의 언어: 기만적이다

제2장 | 신좌파와 한국사회, 그리고 그들의 언어

036	시작하면서
038	그람시에 대한 이해
038	• 『옥중수고 Prison Notebooks』
039	• 헤게모니 이론
040	• 진지전과 기동전
042	구좌파와 신좌파
043	신좌파의 맹장들
043	• 영국
044	• 프랑스
044	• 독일
044	• 미국
046	신좌파의 투쟁목표: 해방과 사회정의
046	• 해방
046	• 사회정의
048	구미 신좌파의 일반적 성향
048	• 역사 구분
048	• 국가주의
049	• 반(反)신자유주의, 반(反)세계화
049	• 반(反)법치주의
050	신좌파 평론지(The New Left Review)
051	신좌파의 중요 언어들

051	• 문화혁명(cultural revolution)
051	• 헤게모니(hegemony)
052	• 참여민주주의(participatory democracy)
053	• 진보(progress)
054	• Newspeak
054	• 사르트르(Sartre)와 전체화(totalization)
056	맺음말

제3장 | 한국 근대화에 대한 이해

060	머리말
061	근대화(Modernization)란 무엇인가?
061	• 구미 국가에서의 근대화 개념
062	• 아시아 국가에서의 근대화 개념
063	구미의 근대화 진행과정
063	• 인간의 근대화
079	• 사회의 근대화
083	• 국가의 근대화
092	근대화의 보편적 특성
092	• 가치관의 변화
092	• 사회적 변화
092	• 정치·경제적 변화
092	• 시민사회의 출현
093	근대화의 확산과 세계화
094	한국의 근대화
095	• 조선시대(1392~1910)
102	• 식민지시대(1910~1945)

104	• 기적의 시대(1948~1988)
113	• 미완의 시대(1992 이후)
115	맺음말

제4장 | 한국사회의 근원적 모순

118	머리말
120	근원적 모순이란?
125	사상의 빈곤
125	• 빈곤 현상
130	• 이념의 시대는 영원하다
133	• 빈곤의 원인
133	• 좋은 사상, 나쁜 사상
138	이론의 빈곤
138	• 헌법
153	• 이원(二元)정부론의 함정
155	• 신자유주의 비판과 시장만능주의 선동
159	맺음말

제5장 | 역사의 종말론

166	인류 역사에서 검증된 보편성의 가치
168	• 역사의 종말이라는 관점과 보편적 역사관
172	맺음말
173	• 미완의 헌법의 완성은 주권자의 사명이자 책무

제1장 — 한국사회와 지식인의 언어 사용

인간은 언어(言語, language)와 문자(文字, letter)를 사용한다는 점에서 확연하게 동물과 구별된다. 언어와 문자는 종교, 정치 체제와 더불어 문명(civilization)을 이뤄내는 강력한 접착제로 작용한다.

우리나라에서도 옛날부터 전해 내려오는 속담 중에 "말이 씨앗이 된다." "말 한 마디로 천 냥 빚을 갚는다."는 말이 있다.

이런 속담들은 말의 중요성과 말이 지닌 힘을 나타내는 표현들이다. 특히 자유민주주의 사회에서 언어 사용은 결정적 의미를 지닌다. 언어 사용의 주도권을 장악하는 자가 정치주도권을 장악하기 때문이다.

오늘날 자유주의 체제인 한국사회에서 좌익(좌파) 세력이 정치사회의 주도권을 장악하고 있는 것은 이들이 언어 사용의 주도권 장악에 성공했기 때문이다.

한 나라의 정치 수준은 그 나라 정치인들의 언어 사용 수준과 맞물려 있다. 우리나라가 경제적으로는 선진국 문턱까지 도달했으나 정치적으로는 후진성을 면하지 못하고 있을 뿐 아니라 날로 추락하고 있는 까닭은 무엇일까?

    이와 같은 정치 후진성은 우리의 정치인들은 말할 것도 없고, 대중에게 영향을 주고 있는 지식인인 교수, 언론인들의 언어 사용 수준에서 그대로 나타나고 있다.

    정치 발전을 위해서는 말할 것도 없고, 사상 분단국가, 사상 투쟁이 진행되고 있는 남한사회에서 체제를 뒤엎으려는 좌익, 좌파로부터 우익 체제인 자유민주주의, 자유자본주의 체제를 지켜내려면 그들로부터 언어 사용의 주도권을 빼앗아 와야만 한다. 그것이 첫 번째 과업이다.

    언어 사용의 주도권을 장악하려면 언어 사용의 중요성을 인식해야 하고, 상대방의 언어를 정확히 알아들을 수 있어야 하며, 언어 사용에서 저들을 압도할 수 있어야만 한다.

언어의 힘

언어가 없었다면 인간사회도, 정치사회도 성립될 수 없었을 것이다.
언어는 인간의 영혼에 깊은 영향을 줄 뿐 아니라 인간세계와 국가사회 체제를 송두리째 바꿔놓을 만큼 강한 힘을 지니고 있으며 인간이 만들어낸 그 어떤 무기의 위력보다 더 큰 위력을 발휘할 수 있다.
언어는 민주주의(民主主義)와 공화주의(共和主義), 종교와 혁명 과정에서 결정적인 힘을 발휘해 왔다.

- **아테네 민주주의와 페리클레스의 언어**

서구문명(the Western civilization)의 본고장은 고대 그리스이다. 고대 그리스가 서구 문명의 본고장으로 자리매김할 수 있었던 결정적 요소는 고대 아테네 민주주의였다.
아테네 민주주의는 당대 정치 지도자들의 언어 사용, 즉 연설과 함께 발전했다. 영국의 전(前) 수상 토니 블레어(Tony Blair)의 수석 연설문 작가였으며 연설 분석가이자 언론인으로 활동하고 있는 Philip Collins(필립 콜린스)가 2017년에 출간한 『블루 스퀘어(Blue

Square, 김미경 옮김, 2022)』에서 명쾌하게 말했다.

"연설과 민주주의는 페리클레스와 더불어 탄생했다."

그가 말한 연설이란 BC 431년 겨울, 어느 날 펠로폰네소스 전쟁(Peloponnesian War, BC 431~BC 404, 스파르타 vs. 아테네)에서 목숨을 잃은 전사자들을 추모하기 위한 행사에서 행했던 추도사를 말한다.

페리클레스(Pericles, BC 494~BC 429)는 아테네 민주주의 전성기의 정치 지도자이자 군인이었으며 당대 최고 연설가였다. 그는 추도사에서 아테네 민주주의를 구체적으로 언급했다.

"사람들은 우리 정부를 가리켜 민주주의라고 부르는데 그 말이 맞습니다. 소수가 아니라 다수가 국가를 운영하기 때문입니다."

이것은 아테네 민주주의가 국민(시민)에 의한 국민(시민)의 정부임을 말한 것이다. 그가 추도사에서 구체적으로 언급한 민주주의의 본질은 현대 민주주의 국가의 본질과 크게 다르지 않다.

"아테네는 세계의 학교이며, 장담컨대 우리는 언제 어디서나 우뚝 설 것입니다."

고대 아테네 민주주의 체제에서 대중을 설득하기 위한 정치 지도자의 연설은 지극히 중요했다. 자연적으로 수사학과 논리학이 발달했다. 반대자, 적대세력의 공격으로부터 자신을 지켜내고 상대를 수

세로 몰아넣으면서 대중으로부터 고립시키고 제압하는 최고 수단이 연설, 즉 언어의 사용이었다.

● **로마 공화주의와 키케로**

로마공화국 수호를 위해 자신의 생명을 바쳐야 했던 키케로(Cicero, BC 106~BC 43)는 최고 지도자인 집정관이었으며 철학자이자 위대한 웅변가였다. 평민 계급에 속했던 그가 최고 직위까지 올라갈 수 있었던 것은 연설 능력, 즉 언어 사용 능력이 걸출했기 때문이다.

국정 운영과 지도자의 연설이 일체가 된 것은 키케로부터라고 이야기할 정도로 로마공화정에서 연설은 그만큼 중요했다. 역사가들은 그를 두고 "연설만으로 국가를 구할 수 있었다."고 말하고 있다. 그가 정적의 칼에 맞아 숨을 거둘 때 한 말은 지금도 우리들의 귀를 울릴 만큼 생생하다.

"O tempora! O mores! (아, 어찌할꼬! 아, 이 세태를!)"

시저(Caesar)가 흑해 연안 Pontus와의 전투에서 승리하고 개선하여 개선식을 가졌을 때 내걸었던 플래카드 언어를 우리는 기억하고 있다.

"Veni, Vidi, Vici. (왔노라, 보았노라, 이겼노라.)"

시저는 한때 로도스 섬에서 수사학을 공부한 적이 있었다. 제2차 세계대전 당시 영국 수상 처칠은 유명한 연설로 국민을 단결시켜 나치스에 결사 항전하였다. 2022년 2월, 강대국인 러시아가 우크라이나를 침공했을 때, 미국이 젤렌스키 우크라이나 대통령에게 피난용 비행기를 제공하겠다고 제의하자 그는 이를 거절하며 이렇게 대답했다.

"Ammo, not a ride. (피난 갈 비행기가 아니라 실탄을 달라.)"

그는 지금도 우크라이나 국민의 선두에 서서 러시아의 푸틴 군대와 싸우고 있다. 코미디언으로 알려져 있는 그는 유대인이자 교육받은 지성인이다. 지구상에서 언어 사용에 가장 뛰어난 민족 중의 하나가 유대 민족이다. 키케로가 BC 46~BC 45년경 자신의 아들에게 연설 능력을 가르쳐주기 위해 쓴 글 『On oratory and orators(연설, 연설가에 대하여)』는 미국 건국조상들의 서재 책꽂이마다 꽂혀 있을 만큼 유명했고 지금도 여전히 영향을 주고 있는 고전에 속한다.

- **기독교와 Jews**

인류 역사상 가장 큰 영향을 준 종교는 불교와 기독교이다. 기독교는 서구문명의 바탕을 이룰 만큼 큰 영향을 끼쳐왔다. 기독교의 힘이란 성경(Bible)의 힘을 말하고 성경의 힘은 말씀의 힘, 즉 언어의 힘을 말한다.

수많은 말씀 가운데 인간과 인류사회에 영원한 영향을 주고 있는 한 마디의 '말씀'이 있다면 Jesus께서 한 말, "사랑하라."일 것이다.

율법(Mose's law)이 지배하던 당시 유대사회에서 '사랑'이 율법을 뛰어넘는 것이라고 단언함으로써 혁명적 결과를 초래하였다. 그 당시도, 지금도, 앞으로도 '사랑'이라는 언어의 힘은 결코 줄어들지 않을 것이다. '사랑하라!'는 언어가 없었다면 기독교도 존재하기 어려웠을 것이다.

- **프랑스의 혁명 구호**

근대국가에서 언어 사용의 중요성이 정치사회의 측면에서 주목을 받게 된 역사적 계기는 프랑스혁명(1789) 당시의 구호였다.

"Liberty! Equality! Fraternity! (자유! 평등! 박애!)"

이들 구호가 앙시앵 레짐(ancient regime, 구체제)을 끝장내고 지배세력을 타도하면서 새로운 사회질서를 탄생시킨 원동력으로 작용하였다. 계몽주의 사상에 근거한 근대국가와 주권자 공동체인 시민사회가 이때 탄생했다.

- **비트겐슈타인의 견해**

오스트리아 출신의 영국 철학자(哲學者)였던 비트겐슈타인(Ludwig Wittgenstein, 1889~1951)은 논리학, 수학철학, 언어철학 면에서 금세기에 지대한 영향을 끼쳤다. 그는 『언어철학, Philosophy of language)』에서 다음과 같이 언급했다.

"내가 구사하는 언어의 한계는 나 자신의 한계를 의미한다. The limits of my language mean the limits of my world."

- **조지 오웰의 견해**

영국의 소설가이자 수필가였던 조지 오웰(Geroge Orwell, 1903~1950)은 소설 『1984년』으로 우리에게도 잘 알려진 인물이다. 구(舊)소련의 전체주의 체제에 대해 깊은 통찰력을 지니고 있었던 그는 다음과 같이 말했다.

"모든 혁명이 노리는 일차적 목표는 언어다. The first target of every revolution is language."

그는 또 전체주의 국가가 인민을 통제하는 최고의 수단이 '언어의 통제'라고 단언했다. 오늘날 북한사회에서는 소위 그들이 말하는 부르주아 언어인 개인주의, 자유, 사유재산과 같은 단어와 남한식 단어를 사용하면 처벌의 대상이 되고 있다.

- **서구 사상가들의 일반적 견해**

"언어가 관념을 낳고 관념이 결과를 낳고 결과가 현실이 된다. language

produces ideas, ideas produce consequences, consequences become reality."

"언어가 사상을 형성하고 사상이 행동을 자극하며 행동이 세상을 바꾼다. language forms our thoughts, our thoughts inform our actions, and our actions transform the world."

일반적으로 구미 선진국은 언어 사용의 중요성을 강조하고 끊임없는 학습과 사고를 통하여 언어사용 능력을 향상시킬 수 있다고 믿기 때문에 가르치고 배우고 읽고 사고하는 것을 게을리 하지 않는다.

그러나 우리의 경우는 그렇지 못하다. 말 잘하고 글 잘 쓰는 것을 개인의 특기라고 생각하는 경향이 강하다.

세상을 바꾼 언어들

- **볼셰비키 (Bolsheviks)**

1904년 제2차 러시아 사회민주노동당대회(the second congress of the Russian social democratic labor party) 당시 멘셰비키가 다수당, 볼셰비키가 소수당이었다. 그러나 대회에서 볼셰비키(Bolsheviks)는 스스로를 다수당으로 공식화하여 이들이 주도권을 장악하고 멘셰비키를 당과 대중으로부터 고립시킴으로써 러시아 혁명을 주도하게 되었다.

　　오늘날 한국의 좌파들이 우파들에게 극우(極右)라는 프레임을 씌워 고립시켜가는 원형이라 할 수 있다.

- **윈스턴 처칠의 연설**

2차 세계대전이 본격화되고 런던이 나치스 공군에 의해 연일 폭격을 당하던 당시인 1940년 5월 13일, 수상 취임 후 의회에 출석하여 한 첫 연설은 영국 국민을 단결시키고 대(對)나치스 항전 의지에 불을 붙였다.

"피와 고생과 땀과 눈물, 그리고 그 길이 아무리 험할지라도 반드시 승리하고야 말 것이라는 약속 말고는 아무 것도 줄 것이 없습니다."

처칠은 『2차 대전 회고록』으로 노벨문학상을 수상할 정도로 언어 사용 능력이 뛰어난 인물이었다.

- **마틴 루터 킹**

1960년대 미국의 흑인 민권운동을 주도했던 그는 1964년 워싱턴 D.C. 집회에서 포효(咆哮)했다.

"I have a dream."

그가 포효했던 'dream(꿈)'이란 흑인인 자신의 아들 4명이 "피부색이 아니라 인간 됨됨이로 판단되는 나라에서 며칠만이라도 살게 되기를 바라는 소박한 꿈"으로서 존엄한 인간이 누려야 하는 당연한 소망을 의미했다.

- **로널드 레이건 대통령**

1980년대 미국 대통령이었던 그는 전임 지도자들과는 달리 소련을 타협의 대상이 아니라 소멸의 대상이라고 확신하면서 불침항모와 같았던 공산주의 소련 제국을 결정적 붕괴 국면으로 몰고 갔다.

당시 그가 사용했던 상징적 언어가 '악의 제국 evil empire'이었다. 기독교 문화권에서 악은 타협이 아니라 소멸의 대상이다.

레이건 대통령은 영국 의회 연설에서 맑스-레닌주의는 "역사의 잿더미 the ash heap of history"로 운명 지어져 있다고 단언하면서 NATO 동맹국과의 결속을 다짐했을 때 구미(歐美)의 대소 타협주의자들이 그를 전쟁광인 것처럼 비판했으나 퇴임 3년 후인 1991년, 소련제국이 붕괴함으로써 신념에 찼던 그의 언어들이 현실이 되었음을 전 세계인들이 지켜보았다.

- **블라디미르 젤렌스키 대통령**

"Ammo, not a ride."

최근 『젤렌스키』라는 책을 쓴 앤드류 L. 어번과 크리스 맥레오드는 젤렌스키의 이 표현을 두고 불멸의 언어가 되었다고 평했다.

"It is an immortal line."

- **이승만 대통령**

"뭉치면 살고 흩어지면 죽는다."

이 언어는 이승만의 절규였다. 1945년 8월 15일 해방 이후

1948년 8월 15일 건국 때까지 북한은 소련 공산주의 위성국으로 변해가고 남한은 미군정 하에서 좌우 진영이 격돌하는 가운데 좌익들이 주도권을 장악하고 있었다.

국민 80프로가 문맹인 상황에서 국민의 70프로는 사회주의를 찬성하는 가운데 이승만 박사는 절규했고 그 절규가 현실이 되어 자유대한민국이 탄생할 수 있었다.

- **박정희 대통령**

"잘 살아보자!"

혁명지도자 박정희 장군의 절규였다. 가난과 빈곤은 민족사 5000년 동안 지속되어 온 숙명적 멍에였다. 북한의 대남적화통일로부터 나라를 지키고 국민들로 하여금 스스로 일어서게 하여 가난과 빈곤의 멍에를 벗어나게 했고 한강의 기적을 이루어냈다.

"잘 살아 보세!"라는 박정희 대통령의 간절한 언어가 국민의 염원이 되어 한강의 기적을 만들어낸 원동력으로 작용하였다.

주요 언어들

일상생활에서 매번 접하거나 사용하면서도 뜻을 정확히 모르거나 혼동하는 단어들이 있다. 사상 분단국가, 사상 투쟁이 벌어지고 있는 사회에서 이런 기본이 되는 단어들의 뜻을 정확히 이해하는 것은 매우 중요하다.

- **사상(thought)**

사상이란 고대로부터 사용되어 온 단어로서 보편적 '가치관'을 말한다. 가치관은 국가운영의 원리이자 개인적 삶의 기준으로 작용한다. 현대국가 헌법에는 그 국가가 지향하는 사상, 즉 가치관이 명시되어 있고 모든 제도, 법률, 정책의 기본 바탕이 되고 있다.

개인적으로는 사상이 삶의 행동 기준으로 작용한다. 일반적으로 사상과 철학을 혼동하는 경향이 있지만 사상과 철학은 구분된다.

철학이 인간, 인간의 삶, 우주의 원리와 같은 분야에 대한 학문인 데 비해 사상은 인간이 지닌 통찰력과 지적 역량에서 생겨난 신념 체계로서 국가와 사회를 움직이는 근원적 힘이라고 할 수 있다.

프랑스 혁명과 미국 혁명은 계몽주의 사상인 자유주의 사상에 의해 이뤄졌고 레닌 혁명과 모택동 혁명은 맑시즘인 공산주의 사상에 의해 이뤄졌다.

오늘날 사상은 우익(右翼) 사상과 좌익(佐翼) 사상으로 구분된다. 개인주의에 입각한 자유민주주의와 자유자본주의, 법치를 본질로 삼는 자유주의 사상은 우익 사상이라 하고 집단주의에 입각한 공산주의, 사회주의, 사상 통제를 본질로 하는 사상을 좌익 사상이라 한다.

이런 사상의 정의에 입각한 구분에 따라 우익 사상 신봉자를 우익, 우파(right)라 하고 좌익 사상 신봉자를 좌익, 좌파(left)라고 한다.

우익 인사들은 '사상'이라고 표현하는 데 비해 좌익 인사들은 사상이라 하지 않고 '이데올로기'라고 한다. 사상을 모르거나 소홀히 생각하게 되면 국가 체제를 지켜내고 사상 투쟁에서 승리하기가 어렵게 된다.

- **이데올로기(ideology)**

레닌의 러시아혁명 이래 맑시스트들(Marxists)은 자신들의 사상인 맑시즘(Marxism)을 '이데올로기(ideology)'로 규정함으로써 좌익 전용어가 되었다.

맑시스트들이 자신들이 신봉하는 맑시즘을 이데올로기로 규정한 이유는 유물론(唯物論)에 입각한 맑시즘이 과학적이라는 전제에서 비롯되었다. '이데올로기'라는 단어는 '이데아(idea)'와 'ology'의 합성어로서 '과학적 사상(science of ideas)'으로 해석했다.

맑시스트들은 종전에 사용했던 사상(thought)을 부르주아 언어로 규정하여 폐기하고 자신들의 과학적 유물론에 입각한 맑시즘을 이데올로기로 공식화했다. 이는 사상에 과학이란 옷을 입힌 것으로 공산주의 유토피아를 위한 신앙적 차원의 의미를 지닌 언어라 할 수 있다.

- **노선(路線)**

가치관을 뜻하는 사상이 정책 결정의 근거라면 '노선'이란 가치관을 근거로 하는 정책 구현 과정에서 실천방향을 뜻한다.

예컨대 내가 자유주의 신봉자인 우익 인사로서 교육자치 정책은 수용하지만 교육자치 실천 방향에 대해서는 급진적 노선, 중도적 노선, 점진적 노선 중 어느 하나를 선택하게 된다.

중국이 공산주의 사상에 입각한 제반 정책을 결정하지만 경제정책의 경우 국가주도 시장경제노선을 채택한 것은 사상을 바꿨기 때문이 아니라, 궁극적 사회주의경제 건설을 위한 실용주의 노선을 선택했기 때문이다.

우리의 경우 대다수 우파 정치인, 언론인, 지식인들은 사상과 노선을 구분하지 못하거나 혼동하고 있는 데 비해 좌파는 그 반대이다.

우익정당이라 할 수 있는 '국민의힘'이 스스로 보수정당이라 호칭하고 좌익정당인 '더불어민주당'을 진보정당으로 호칭하고 있는 것이 대표적 사례라 할 수 있다.

우리나라는 유럽 국가들처럼 자유주의 정당, 친북사회주의 정당 등이 혼재하고 있으므로 반드시 우파정당(우익정당), 좌파정당(좌익정당)이라고 해야만 구분이 확실해진다. 보수와 진보란 사상이 아니라 노선을 뜻하기 때문이다.

- **우익(우파, right)과 좌익(좌파, left)**

우익과 좌익의 기원

우익과 좌익이란 정치적 언어는 프랑스혁명 당시 생겨난 언어이다. 우익은 온건(왕, 귀족)파, 좌익은 급진파(평민, 로베스피에르 등)를 뜻했다.
당시 우익은 온건성·점진성을, 좌익은 급진성·폭력성을 상징했다. 훗날 레닌의 폭력혁명이 성공하면서 사상적 언어로 자리매김하였다.

자유주의 사상 : 우익 사상
공산주의 사상 : 좌익 사상

우익(right)

- 개인주의 바탕(인간본성 존중)
  자유민주주의
  자유자본주의
  법치주의 존중
- 법치를 전제로 한 자유시민 공동체인 시민사회 중시
- 전통과 관습 중시
- 점진적 변화와 발전 중시

좌익(left)

- 19세기 우익의 반동으로 탄생
- 1917년 레닌혁명, 폭력 정당화
- 집단주의, 결과적 평등주의, 계급투쟁

극우와 극좌

· 급진성, 폭력성 유무로 구분

- **보수와 진보**

정책실천 노선에 따라 구분이 되며, 중도란 무용지물이다.

전통적 입장을 취할 때 '보수'

대북정책-반공, 자유통일 노선
경제-자유 시장경제, 최소한의 간섭과 규제, 성장 우선

전향적 입장을 취할 때 '진보'

대북정책-민족자주통일 노선, 민족 우선
경제-국가주도 시장경제, 최대한의 간섭과 규제, 분배 우선

한국 지식인의 언어 사용

여기서 말하는 지식인이란 정치인, 관료, 교수, 언론인, 현실참여 지식인들을 말한다. 우파 지식인들의 경우는 언어 사용이 정확하지 못하고 혼돈스러운 데 비해 좌파 지식인들은 우파 지식인들과 다르다.

좌파 지식인들은 언어 사용의 중요성을 알고 정확하게 주도적으로 구사할 뿐만 아니라 대중을 기만하고 반대세력을 고립시키면서 지지 세력을 결집시키는 언어를 사용하고 있다.

- **정치 지도자들의 언어**

  7.4 남북공동성명

  남한의 이후락 정보부장과 북한의 김일성이 1972년 7월 4일, 평양에서 회담을 갖고 공동성명을 발표, '자주' '평화' '민족대단결'이라는 3대 통일 원칙을 천명했다. 이들 언어들은 전형적인 북의 언어, 김일성의 언어였다. 이후락 부장은 당연히 그 어딘가에 '자유'라는 단어를 포함시켰어야만 했다. 이후락 부장은 언어의 중요성을 간과했고, 김일성은 철저히 자신의 언어를 관철시켰다.

김영삼 대통령의 언어

취임 연설에서 "어떤 동맹보다 민족이 우선한다."고 함으로써 좌파들을 고무시켰으며, '역사바로세우기'란 정치재판으로 좌파들의 세상을 만들어줬다.

김대중 대통령의 언어

"햇볕정책" – 국민을 기만하고 환상을 갖게 하였다.

이명박 대통령의 언어

"중도실용주의" – 친(親)기업정책 공약으로 당선된 후 내용이 없는 '중도실용주의' 정책을 천명함으로써 실패한 정권으로 끝났다.

박근혜 대통령의 언어

"경제민주화" – 우파 대통령으로서 좌파 언어를 선택함으로써 그 자신, 스스로 사상적 색맹(色盲)임을 입증했다.

- **우파 지식인의 언어 : 무지하다**

대다수 우파 지식인, 국민의힘

보수를 자칭하거나 보수를 사상 용어인 양 사용함으로써 사상적 색깔을 알 수 없게 하고 스스로 수구꼴통, 기득권 세력, 부도덕 세력임을 공언하는 꼴이 되어 좌파들에게 주도권을 빼앗긴 결과를 초래하고 있다.

좌파 정당인 더불어민주당은 진보 정당으로 호칭함으로써 변화, 발전, 정의로운 정당이라는 인식을 심어줬다. 국민의힘 젊은 요원들이 4.15 총선 참패 후 "보수정당 정체성 정립" 운운하였으나 지금까지 정립했다는 뉴스는 없다. 보수적 성향을 갖는 사상은 있지만 '보수'란 특정 사상은 없으므로 사상적 정체성을 설정할 수 없기 때문이다.

김종인 박사의 허언

4.15 총선 패배 후 미래통합당 비대위원장이 되었을 때 당명 개칭을 주도하면서 놀라운 말을 했다.

"이념의 시대는 끝났다. 이념이란 더 이상 존재하지 않는다. 따라서 당명(黨名)에서 이념 요소를 빼기로 했다."

'국민의힘'이란 당명에서 사상적 색깔은 없다. 사상이 없는 정당은 거세된 노새와 같은 정당이라 할 수 있다.

김대중 조선일보 칼럼니스트의 언어

중진 우파 언론인이라 할 수 있는 그는 2022년 7월 26일자 칼럼에서 "윤 대통령과 그의 보수정당 앞에는 진보-좌파 5년의 왜곡을 바로잡을 큰 일이 대기하고 있다."고 썼다. 일반 대중이 정당의 정체성을 구분하기 어려울 수밖에 없다.

- **좌파 지식인의 언어 : 기만적이다**

① 일반적으로 자신만의 색깔 있는 언어를 사용하고 반대 세력에 대해서는 적대적이며 대중을 향해서는 기만적인 언어를 사용한다.

② '자유민주주의'라는 표현을 거부하고 민주주의라는 표현을 고집하는 것은 '자유민주주의'를 부르주아 언어로 인식하기 때문이며, 저들의 진심은 '인민민주주의'에 있기 때문일 것이다.

③ 좌파 지식인의 상징적 언어

"사람이 먼저다."
"사람 사는 세상!"
"사람 중심 경제!"

이런 표현들은 분열적이고 기만적인 언어들로서 이들이 말하는 '사람'이란 자신들과 같은 가치관의 소유자들, 프롤레타리아들을 뜻한다. 고(故) 박원순 서울시장이 가장 즐겨 사용했던 이 언어들은 맑시스트 휴머니즘에 바탕을 둔, 자본주의 착취와 억압으로부터 해방된 노동자, 농민, 무산계급 지식인을 지칭하는 언어들이다. 그러나 대중은 모르고 있다. 사용자들이 본뜻을 밝히지 않기 때문이다.

④ 프레임 언어

좌파들이 우파들을 향해 구사하는 악의적 언어 전술을 말하는 것으로, '극우,' '수구꼴통,' '색깔 시비,' '토착왜구' 같은 것들이 대표적이다. 이에 대해 우파지식인들은 움츠리고 부인하고 변명으로 대응함으로써 좌파들로 하여금 언어 사용의 주도권을 누리게 하고 있다.

⑤ 신자유주의, 시장경제 비판

"신자유주의에 의한 시장만능주의로 양극화가 심화되었다."

구미(歐美) 신좌파들의 언어를 그대로 모방한 언어이다. 한국 좌파들은 스스로 좌파(左派)라거나 진보(進步)라고 하지 않는다.
자신들의 정체성을 정확히 인식하고 있기 때문이다. 침묵으로 일관함으로써 자신의 모습을 감추고 상대를 기만할 수 있기 때문이다. 주체사회주의자, 반자본주의자, 좌편향 반미반일 민족주의자들이기 때문일 것이다.

제 2 장

좌파와 한국사회, 그리고 그들의 언어

시작하면서

오늘날 한국사회에 '신좌파(the New Left)'가 엄연히 존재하고 있음에도 불구하고 이에 대한 이해와 인식은 매우 미약한 편이다.

한국의 자유민주주의 정치발전과 자유 시장경제 발전을 가로막고 있을 뿐 아니라 자유주의 체제 전반을 변혁하려는 주동세력인 친북좌파들의 의식구조와 행동양식이나 언어 사용이 신좌파의 행태를 띠고 있음은 부인할 수 없다.

'신좌파'란 오늘날의 구미(歐美) 좌파의 주류 세력으로서 한국의 좌파 지식인들 역시 이들의 영향을 받고 있다.

1991년 공산주의 소련제국이 붕괴함으로써 동서냉전(the Cold War)은 끝났으나 소련제국을 뒷받침했던 공산주의 사상, 즉 맑시즘은 끝장난 것이 아니라 겉모습을 바꾸고 실천방식을 달리하면서 명맥을 유지하며 구미 사회를 중심으로 국제사회에 영향을 미치고 있다.

이 시간에 설명하고자 하는 '신좌파와 이들의 언어'에 대한 내용은 1968년 프랑스 학생 시위를 목도(目睹)한 후 우파로 돌아선 영국 철학자 로저 스크루턴(Roger Scruton, 1944~2020)이 2015년 출간한 『신좌파 사상가들 Thinkers of the New Left』를 참고로 하였다.

이 책은 2019년 『우리를 속인 세기의 철학가들』(박연수 옮김)이라는 제목으로 번역, 출간되었다.

그람시에 대한 이해

신좌파(the New Left)를 이해하려면 그람시(Antonio Gramsci, 1891~1937)를 알아야만 한다. 러시아 혁명을 주도했던 레닌이 맑시즘에 근거했던 것처럼 오늘날의 신좌파들이 그람시 사상(Gramscism)과 이론에 근거하고 있기 때문이다.

'신좌파'란 그람시 사상과 혁명 이론을 따르는 맑시스트들을 뜻한다.

- 『옥중수고 Prison Notebooks』

그람시가 투옥되어 병사할 때까지 10년 간 감옥에서 쓴 글로서 그람시의 정치사상을 가장 잘 알 수 있는 노트를 말한다.

그람시는 이탈리아 토리노 대학생 시절, 그리스 문학, 철학, 역사, 언어, 법학을 공부했고 언어와 철학 분야에서 뛰어난 재능을 보였던 최고의 지성인이었다.

22세 때인 1913년 이탈리아 사회당에 입당하여 사회주의 운동에 참여했으나 실망하고 1921년 공산당에 참여했으며 투옥 직전인 1924년~1926년 기간에는 당의 최고 실권자였으나 1926년 투옥되어 1937년 옥중 사망했다.

그람시는 맑스와 레닌 이래 공산주의 혁명 사상과 이론 면에서 가장 큰 영향을 준 인물로서 그가 남긴 『옥중수고』는 오늘날 구미 신좌파들의 바이블로 읽혀지고 있다.

전통적 맑시스트들이 자본주의 체제 붕괴가 임박했고 자본주의 체제 붕괴를 역사적 필연으로 인식했던 데 비해, 그람시는 자본주의 체제의 견고성과 안정성에 주목했고 자본주의 체제를 극복해내려면 긴 여정에 걸친 투쟁이 불가피하다고 확신했다.

역사 발전이란 인간 요소를 배제하고서는 상상할 수 없는 것이고 프롤레타리아 혁명의 승리는 필연적이거나 불가피한 것만은 아니기 때문에 오직 인간의 노력과 투쟁, 승리와 패배 속에서만 최후의 승리를 거둘 수 있다고 주장하면서 전통적 맑시스트들의 기계론적 결정론, 즉 역사 발전의 필연성을 반대했다.

그람시가 『옥중수고』에서 강조한 것들 중에 우리가 반드시 기억해야 할 부분은 문화 헤게모니 이론, 진지전과 기동전, 의식화된 프롤레타리아 집단 형성과 역할이다.

- **헤게모니 이론**

'헤게모니(hegemony)'라는 말을 처음으로 사용한 것은 러시아 맑시스트들이 계급동맹 역할의 중요성을 강조하면서였다. 그람시는 계급동맹 차원을 넘어선 새로운 지배질서 구축을 목표로 한 언어로 사용했다.

"이데올로기를 매개로 기본집단과 추종집단이 지배구조를 이뤄내는 것."

"정치 측면에서뿐만 아니라 지적, 도덕적 측면에서까지 통합을 이뤄내야 하고 추종집단의 자발적 동의와 지지까지 창출해내는 것이 헤게모니이다."

그람시가 말한 '기본집단'이란 이데올로기 영역에서 공동의 이익을 공유하는 집단을 의미했고, 그가 강조한 '지배구조'란 '주도권 장악'을 의미했다.

그람시는 헤게모니 구축 방법으로 기본 집단의 근본적 이익이 훼손되지 않는 범위 내에서 추종세력과 동맹세력의 이익을 수용하고 융합해야 한다고 하면서 헤게모니 집단이 되려면 자신의 이익, 즉 계급이익을 포기하고 타 집단의 이익을 포괄·융합해야만 가능하다고 했다.

이 경우 한국의 좌파들이 즐겨 사용하고 있는 언어인 '연대(solidarity)'가 지극히 중요한 의미를 갖게 된다.

이와 같이 만들어진 헤게모니 집단이 다양한 계급을 포용·확장함으로써 궁극적으로 민중적·민족적 의지로까지 확산시킬 수 있다고 주장했다.

- **진지전과 기동전**

기동전이란 러시아 혁명처럼 혁명세력이 단기간 내에 기존 국가를 파괴·점령하는 것인 데 비해 그람시가 말한 '진지전'이란 국가를 '시민사회'라는 참호로 포위하고 축차적으로 진지를 점령하여 지배구조를 탈환하는 것을 의미했다.

이 과정에서 의식화된 지식인과 의식화된 프롤레타리아의 역할이 단순 노동계급의 역할보다 중요하다고 강조했다.

프랑스의 사르트르가 지식인의 프롤레타리아화(化)를 주장하고 이들로 하여금 기존의 프롤레타리아를 주도할 수 있어야 한다고 주장한 것과 맥을 같이하고 있다.

그람시는 문화 헤게모니 장악으로 부르주아 문화를 프롤레타리아 문화로 바꾸려면 진지전에 의한 장기 혁명을 통해서만 가능하다고 주장하였다.

한국 사회에서 반미 민족자주통일을 주장하는 데 앞장서고 있는 민노총이 산업현장 헤게모니를 장악하고 전교조가 교육현장 헤게모니를 장악함으로써 공고한 진지를 구축하고 있는 것이 전형적인 본보기라고 할 수 있다.

구좌파와 신좌파

구분	구좌파 (The Old Left)	신좌파 (The New Left)
근거	Marxism, Leninism 1848~1991	Gramscism 1960~
특징	계급투쟁 class struggle 단기 폭력혁명 자본주의 타도 만인평등사회	문화투쟁 cultural war 장기 문화혁명 헤게모니 장악과 진지전 프롤레타리아 문화
진행	한계노출 스탈린 大숙청 1956 헝가리 봉기 무력 진압 1969 체코 봉기 무력 진압 사회주의 사회 정체 자본주의 사회 발전	선구자, 1960년대~1970년대 영국 맑시스트들 : R. 윌리엄스 (Raymond Williams) 1921~1988 P. 앤더슨 (Perry Anderson) 1938~ E. 홉스봄 (Eric Hobsbawm) 1917~2012

'구좌파'라는 단어는 사용되지 않지만 '신좌파'와 구분하기 위해 사용한 것이다.

신좌파(The New Left)의 맹장들

- 영국

레이먼드 윌리엄스(Raymond Williams)

케임브리지대 교수 역임, 대학 재학 시 공산당 가입. 맑시스트이자 문화유물론자(cultural materialist), 참여민주주의(participatory democracy) 주창.

페리 앤더슨(Perry Anderson)

옥스퍼드대 졸업, 미국 UCLA 사회철학 교수, 맑시스트. 『좌파 평론지 The New Left Review』 편집장(1962~1983), 현 편집위원.

에릭 홉스봄(Eric Hobsbawm)

도그마적 맑시스트.

- **프랑스**

    사르트르(Jean-Paul Sartre)
    미셸 푸코(Michel Foucault)
    토마스 피케티(Thomas Piketty) :
    『Capitalism in the 21st Century』

- **독일**

    루카치 (György Lukács)
    하버마스 (Jürgen Habermas)
    아도르노
    (Theodor Ludwig Wiesengrund Adorno)

- **미국**

    N. 촘스키(Noam Chomsky)

    미국 폄훼

    M. 샌델(Michael Sandel)

    『What money can't buy』

J. 스티글리츠(Joseph E. Stiglitz)

『The Price of Inequality』

신좌파의 투쟁 목표 : 해방과 사회정의

- **解放 (liberation)**

부르주아 사회, 부르주아 문화로부터 근원적, 구조적으로 벗어나는 것이 해방이며, 여기에 포함되는 것들은 가족, 학교, 교회, 법률, 국가 등을 망라하고 있다.

  이런 체제로부터의 해방을 통해 자신들이 원하는 새로운 가치와 체제가 지배하는 사회를 만들어내고자 한다.

  과격한 푸코(Foucault)는 지배 체제를 구축한 다음 차별 없는 사회 건설을 위해 검열적인 관료주의(censorious officialism)를 강화해야 한다고 주장한다. 북한 사회가 여기에 해당할 것이다.

- **사회정의 (social justice)**

신좌파는 자유주의 사회에서의 보편적 정의를 '부르주아 정의'라 하여 거부하고 자신들이 설정한 기준에 의한 사회 정의를 내세운다.

  법 앞의 평등, 기회의 평등이 아니라 완벽한 사회개조를 통하여 모든 사회적 계급과 특권, 불평등한 생산물 분배와 불평등한 교육 기회를 타파함으로써 사회정의가 달성된다고 주장한다.

　이들은 해방과 사회정의 구현을 위해 입법, 각종 위원회 등을 동원하고 끊임없이 적대세력과 도그마를 재생산해내기 위한 논리를 만들어내고 있으며, 이를 위해 카페, 대학, 대학 도서관을 주요 활동 거점으로 이용한다.

구미 신좌파의
일반적 성향

- **역사 구분**

    ① 고전시대 (the classical era)
    the late Renaissance - 프랑스 혁명(1789)
    ② 계몽시대 (the Enlighten era)
    루이 14세 - 프랑스 혁명
    ③ 부르주아 시대 (the Bourgeois' era)
    부르주아 혁명인 프랑스 혁명으로 인해 봉건시대가 끝나고 자본주의 시대 (capitalist era)가 도래한 후 현재에 이르고 있다고 인식한다.

- **국가주의**

국가만이 이상적인 사회를 만들어낼 수 있으므로 국가로 하여금 배타적이고 절대적인 권력을 행사할 수 있도록 해야 한다고 주장한다.
　이때 국가란 시민사회의 자발적 참여와 강제적 참여를 통합한 헤게모니 지배집단의 성격을 지니게 된다.

- **반(反)신자유주의, 반(反)세계화**

신자유주의와 세계화는 빈부 격차를 심화시키고 선진 자본주의 국가 주도의 세계 구축을 위한 음모의 소산으로 인식한다.

2008년 미국 월가 금융위기 이래 이 논리가 국제적으로 급속하게 확산되었고 한국 좌파 역시 이 영향을 받아 "신자유주의에 의한 시장만능주의로 인해 빈부 격차가 심화되었다."고 떠들기 시작했다.

그러나 한국의 대학교에서 신자유주의를 체계적으로 가르친 바가 없다.

- **반(反)법치주의**

신좌파 지식인들은 부르주아 사회의 법치(法治)를 정면으로 부정한다. 부르주아 사회 법치란 부르주아 계급의 지배를 위한 국가적 장치에 불과하다고 인식하기 때문에 당과 이데올로기가 법치 위에 군림하는 것이 당연하다고 생각한다.

신좌파 평론지
(The New Left Review)

영국의 맑시스트들이 인류 역사를 맑시즘 견해에서 새롭게 쓰면서 과거 영국 부르주아 문화를 청산하고 일반 대중에게 그람시 이론 추종자들인 신좌파 사상가들과 그들의 글을 소개하기 위한 정기 간행물로서 문화 투쟁의 주요 방편으로 활용되고 있는 평론지이다.

『신좌파 평론지』의 시작은 영국 맑시스트들이 1960년 영국 버밍햄 노동자 교육협회로부터 벗어나 『The New Left Review』라는 정기간행물을 발행하면서 본격적인 문화투쟁을 전개하기 시작했다.

주도(主導) 인물은 맑시스트이며 그람시 추종자이자 현재 미국 UCLA에서 교수로 있는 페리 앤더슨 (Perry Anderson)으로, 20여 년간 편집장을 역임했으며 지금도 편집위원으로 참여하고 있다.

『The New Left Review』는 한국에도 수입되어 번역, 출간된 바 있다.

신좌파의 중요 언어들

- **문화혁명** (cultural revolution)

그람시(Antonio Gramsci, 1891~1937) 이론에 근거하여 부르주아 문화를 프롤레타리아 문화로 바꾸는 것을 의미한다.

문화를 바꾼다는 것은 한 사회의 면모와 성격을 전면적으로 바꾸는 것을 의미하므로 총체적 사회 변화라고 할 수 있다. 이것은 곧 혁명이다.

신좌파들은 구좌파, 즉 전통적 맑시스트들과 달리 폭력에 의한 단기 혁명이 아니라 지식인들의 지적 정화 (intellectual purification)와 지적 생산 (intellectual production)을 통하여 사회 요소요소에 침투하여 둥지, 즉 진지를 구축하고 헤게모니를 장악한 다음 광범위한 연대 (solidarity) 투쟁을 전개하여 부르주아 문화를 청산하고 프롤레타리아 문화를 창출해내는 것을 말한다.

이것은 구좌파들의 단기 폭력 혁명과는 달리 언어 투쟁 (battle of words)에 의한 장기 혁명 (long revolution)을 의미한다.

- **헤게모니** (hegemony)

문화혁명을 위한 '주도권'을 의미한다. 혁명적 사회 변화를 추구하는 신좌파들이 노리는 주도권 장악의 1차적 목표는 언어이다. 즉 언어 사용의 주도권 장악으로 문화혁명을 위한 주도권을 행사할 수 있게 된다.

한국의 좌파들이 우파에 대하여 극우, 수구꼴통, 토착왜구와 같은 언어로 오명을 뒤집어씌움으로써 대중으로부터 고립시키고 정치의 주도권을 장악하는 수법을 성공적으로 사용하고 있다.

이들은 사회 전(全) 분야에 침투하여 둥지를 틀고 지역과 전국 차원의 동조세력, 추종세력과 연대하여 총체적 헤게모니 집단을 구축하여 최고의 투쟁 역량을 발휘하고자 한다.

- **참여민주주의 (participatory democracy)**

한국의 좌파들이 저들의 전매특허처럼 사용하고 있는 언어인 참여민주주의는 구미 신좌파 언어이다. 사상적 차원에서 이 용어를 선도적으로 사용한 인사는 영국의 신좌파 선구자인 레이먼드 윌리엄스 (Raymond Williams)이다.

윌리엄스는 영국, 나아가 유럽의 부르주아 사회를 뒤엎기 위한 지적 반란 (intellectual subversion)을 위해 1964년 「현대문화연구소 The Birmingham Center for Contemporary Culture Studies」를 설립하고 억압 받은 자 (the oppressed), 버림받은 자 (the excluded), 괄시 받은 자 (the marginalized)들의 목소리를 대변하고자 했다.

윌리엄스는 『장기혁명 (The Long Revolution)』(1961)에서 참여민주주의를 역설했고, 특히 어린이들에게 주입할 것을 강조하였다.

과거의 문화는 소수 엘리트 문화이므로 문화 전반을 바꾸어 모두가 공유하는 문화를 창출하려면 긴 시간이 소요된다고 한 주장은 그람시 이론에서 비롯된 것이다.

"희망도, 고난도, 모두가 함께하는 공동체는 참여민주주의를 요구한다."

윌리엄스는 확신에 찬 어조로 말했다.

"참여민주주의야말로 참된 민주주의(true democracy)로서 장기 혁명과 더불어 실천되는 더 많은 민주주의를 의미한다."고 하면서 참여민주주의에서만 인민이 평등해질 수 있고 이를 달성하기 위해 기존의 특권과 계급들을 깡그리 파괴해야 한다고 주장하면서 참여민주주의 달성을 위해 참여연대 구축이 필수적임을 강조하고 희망과 고통을 공유할 수 있어야 한다고 했다.

- **진보 (progress)**

이 단어만큼 혼란을 주는 언어도 없다.

영국의 문명비평가 H. G. Well(1866~1948)을 비롯한 좌파 지식인들이 'socialism'을 'progress'로 표현하기로 결정하면서 일반적으로 사용되는 프로그레스(진보)와 전혀 다른 socialism(사회주의)의 의미를 지니게 되었기 때문이다.

1903년 영국 사회주의 협회인 페비안 소사이어티(Fabian Society)

에 가입하여 활동한 Herbert George Well이 socialism을 progress로 바꿔 표현함으로써 사회주의에 대한 일반 대중의 거부감을 약화시키고 전향적인 의미를 풍김으로써 호감을 갖도록 유도하고자 했다.

이때 내세운 progress (진보)의 반대어는 통상적인 conservative (보수)가 아니라 자본주의 (capitalism)다.

- **Newspeak**

조지 오웰(G. Orwell)이 처음으로 사용한 단어로서 전체주의자의 언어를 의미했고 오늘날 신좌파의 언어도 여기에 속한다.

Newspeak는 기만어법, 분열어법, 증오어법의 특징을 지니며 의도적으로 애매하게 표현하여 상대를 헷갈리게 하는 어법을 뜻했다.

유럽의 우파 지식인들은 이것을 '헷소리 (nonsense speaking)'로 비하했다.

- **사르트르 (Sartre)와 전체화 (totalization)**

사르트르는 1960년대~1970년대 프랑스를 비롯한 서유럽 철학계와 사상계를 좌우할 만큼 큰 영향을 끼쳤던 맑시스트이자 신좌파였다. 그가 열정적으로 내세웠던 주제가 '전체화 (totalization)'였다.

사르트르가 말한 '전체화'란 모든 계급이 소멸되고 오직 프롤레타리아만 존재하는 사회가 되었을 때를 말한다. 오직 ordered totality (일사불란한 전체성), no market, no private property 상태가 이뤄졌을 때만 '전체화'가 실현될 수 있다고 주장했다.

그러나 사르트르가 주장했던 전체화된 사회에서 살아가는 인간은 명령자로부터 내려지는 지시를 따르면서 사육되는 가축처럼 수동적으로 살아가야만 하는 존재로 전락할 수밖에 없다.

로저 스크루턴은 이러한 인간 집단을 '전체화된 인민(totalized people)'으로 표현하면서 '현대판 자코뱅(modern Jacobin)'이라고 단언했다.

사르트르의 '전체화' 이론을 수용하여 실천했던 자들이 '킬링필드(killing field)'라는 악명 높은 흔적을 남겼던 캄보디아의 폴 포트(Pol Pot) 정권 지도자들이었다. 당시 주도적 인물들은 파리에서 유학한 최고 지성인들로서 사르트르 사상과 이론의 세례를 받았던 자들이었다.

로저 스크루턴은 극도의 반(反)부르주아 좌익이면서도 부르주아의 어깨를 딛고 서서 세속적 명예와 영화를 만끽한 위선자가 사르트르였다고 혹평했다.

맺음말

남한사회에서 체제 변혁을 꿈꾸고 있는 친북좌파들은 '신좌파'라고 할 수 있다. 이들 스스로 공개적으로 신좌파라는 단어를 사용하지 않지만 그들의 행동 양식과 언어 사용 행태가 구미 신좌파를 그대로 모방하고 있기 때문이다.

오늘날 이 땅의 친북좌파들은 그람시 추종자답게, 신좌파 투사답게 한국사회 요소요소에 둥지를 틀고 헤게모니 장악에 성공했으며 자본주의 문화, 자유주의 사회와 문화를 파괴하고 자신들이 바라는 프롤레타리아 사회문화를 창출해내고자 전국적 차원, 심지어 북한 내 동조세력, 해외 유사세력과도 연대 투쟁을 벌이고 있다.

이들은 정부, 교육현장, 노동현장, 법조계, 언론계, 문화예술계에 이르기까지 모든 분야에서 헤게모니를 장악하다시피 하고 있으면서 '참여민주주의,' '사람 사는 세상,' '참여연대'와 같은 구미 신좌파 언어를 사용하고 있다.

이들은 기존의 법과 질서를 조롱하듯 수도 서울 대로상에서 민노총이 대규모 집회를 열고 '광복 77주년 8.15 자주평화통일 대회'란 이름 아래 '한미동맹 해체,' '노동조합의 힘으로 불평등한 한미동맹을 끝장내자'고 하면서 북한 조선직업총동맹 중앙위가 보내왔다는 연대사(連帶辭)를 낭독했다.

우리는 이토록 기세등등한 민노총 뒤에는 전교조가 있고, 언론이 있고, 문화예술계가 있고, 법조세력이 있고, 정치권력이 있고, 전국적인 동조, 추종세력이 있음을 알고 있다.

20세기, 74년에 걸친 공산주의 실험이 철저한 실패로 끝난 지도 31년이 지났건만 남한에서는 1945년 직후 1948년 건국에 이르는 기간에 있었던 좌익의 폭력적 투쟁을 연상케 하는, 시대를 역행하는 모순된 현상이 우리 눈앞에서 벌어지고 있다.

이제는 정권교체 차원이 아니라 좌와 우의 승패를 가려야 하는 최후의 결전이 임박하고 있음을 피할 길이 없다. 남한사회에서 친북 좌파 세력에게 주도권을 빼앗기게 되면 자유통일은 영원히 불가능하게 될 것이다.

문재인 전 대통령이 가장 존경한다고 했던 고(故) 신영복 씨가 남긴 글 『감옥으로부터의 편지』는 안토니오 그람시가 남긴 『옥중수고 Prison Notebooks』를 연상케 하고 있다는 사실을 가볍게 넘길 수가 없다.

제3장 한국 근대화에 대한 이해

머리말

한국사회에서 근대화 문제는 논쟁이 끝나지 않고 있는 뜨거운 이슈의 하나다. 실증주의 사학자와 민족주의 사학자 간의 견해가 다르고 친북인사들과 반북인사들 간의 견해도 다르다.

얼간이 정치인들과 지식인들의 인식은 제각각이다. 정권이 바뀔 때마다 근현대사 교과서 내용이 달라지는 나라가 대한민국이다.

이 문제는 한국 근현대사 서술과도 직결되는 문제이기도 하다. 사전에서 '근대화(modernization)'란 '서구화(westernization)'를 의미하기 때문에 서구, 즉 서유럽과 북미의 근대화 역사를 살펴봐야만 우리의 근대화를 올바르게 이해할 수 있고 한국 근대화 수준을 가늠할 수 있다.

오늘은 서유럽과 북미 근대화를 줄여서 '구미(歐美) 근대화(Western Europe and North America modernization)'로 표현하기로 하였다.

한반도에서 북한이 전근대 봉건왕조 수준에 머물러 있다면, 남한의 근대화 역시 여전히 미완이며 진행 중이라는 것이 나의 견해다.

근대화(modernization)란 무엇인가?

'근대화'란 말하기는 쉽지만 설명하려면 간단하지 않은 주제다. 한 문장으로 설명하거나 전문가 한 사람의 견해만으로 설명할 수 없기 때문에 여러 견해들 가운데 공통의 요소를 감안하여 인식할 필요가 있다.

- 구미 국가에서의 근대화 개념

막스 베버(Max Weber, 1864~1920)의 견해

독일 사회학자인 막스 베버는 "봉건사회(feudal society)에서 자본주의 사회(capital society)로의 전환."이라고 했다.

보편적 개념

"전통적 사회(traditional society)에서 근대사회(modern society)로의 전환."

- **아시아 국가에서의 근대화 개념**

근대화가 영국, 프랑스, 미국 중심으로 이뤄지고 19세기 이후 국제사회의 주도적 흐름으로 자리 잡게 되면서 유교적 전통사회에 갇혀 있던 아시아 국가들이 자극과 충격을 받아 구미(歐美) 근대화를 모방하게 되었기 때문에 '근대화(modernization)'를 '서구화(westernization)'로 호칭하게 되었다.

    19세기말 20세기 초 일본이 선두였고 후반에 대한민국이 따랐다. 따라서 구미 근대화 과정을 이해하여야만 우리의 근대화를 정확히 규정할 수 있다.

구미의 근대화 진행과정

구미의 근대화 과정은 구미 국가들(Europe-North America)의 발전 역사 자체다. 중세 암흑기를 벗어나기 시작한 르네상스 시대를 시작으로 20세기 초반까지 진행된 구미 국가들의 근대화는 인간의 근대화(근대인), 사회의 근대화(근대사회), 국가의 근대화(근대국가) 단계를 거치면서 이뤄졌다.

- **인간의 근대화**

르네상스(15세기~16세기)

근대인이란 인간의 존엄성을 절대시하는 자주적이고 독립적인 주체성을 지닌 계몽된 인간(enlightened man), 즉 계몽사상에 의해 새롭게 깨어난 인간을 말한다.

유일신(God)과 단일 교회(catholic church)의 지배를 받으면서 살아가야만 했던 '암흑시대(the Dark Age)'를 벗어나 근대인이 되기까지는 400여 년이라는 긴 세월을 거쳐야만 했다.

① 암흑시대의 질곡(桎梏)

'암흑시대'란 AD 5세기에 서로마제국이 멸망한 이후 15세기 르네상스가 시작되기까지 1,000여 년 동안 가톨릭교회가 세속적 권력을 끼고 인간의 정신세계와 삶을 좌우함으로써 지식, 문화, 과학, 경제 전반이 침체에 빠지고 사회의 다양성과 역동성이 억제되던 시대로서 교회가 부패하고 성직자가 타락했던 '어둠의 시대'를 말한다.

영국 BBC방송 PD 출신인 멜빈 브래그(Melvyn Bragg)가 2003년에 쓴 『Adventure of English』를 2019년 『영어의 힘』이라는 이름으로 번역·출간한 책에는 중세 교회가 얼마나 지배적이었던가를 실감 있게 서술했다.

"교회는 부유했고… 한 가지 참된 신앙을 독점하면서 복종을 요구했다. 본당 주임신부들은 거의 모든 것을 관할하며 고해를 들었고 죄를 면제하는 힘을 가졌으며 교회 출석, 교회세 납부, 개인의 도덕과 공중도덕에 관련된 모든 일에 대해 교회의 통제에 따를 것을 강요했다. 심지어 성생활도 교회의 소관이었다."

14세기 말, 영국 종교개혁의 선각자였던 존 위클리프(John Wycliffe)가 라틴어로 씌어 있는 성경을 영어로 번역·출간했다가 교회로부터 이단으로 단죄받았을 뿐 아니라 그의 저서들은 불태워졌으며, 1384년에 사망한 뒤 44년이 지난 1428년에 교회의 명에 따라 그의 시신을 파헤쳐 흔적조차 없애버릴 정도로 가혹하고 잔인했다.

중세 암흑기에는 봉건 영주나 군주들도 교회에서 세례를 받지 못하면 아무런 역할도 할 수 없었고 인간으로서 존대도 받지 못했다.

성경은 오직 라틴어로만 쓰였고, 라틴어는 성직자들의 전용어였으므로 일반 신자들은 성경을 읽을 줄도, 미사 시간에 사제의 강론을 알아들을 수도 없었다.

중세는 그야말로 정신적, 지적 암흑시대였다.

② 르네상스의 전개

긴 세월에 걸친 어둠에서의 질곡이 마침내 인간으로 하여금 빛났던 '고전시대(classical antiquity)'에 대한 향수를 자극하고 'God 중심'에서 '인간 중심,' 'God 중심 세계관'에서 '인간 중심 세계관'으로 사고하도록 만들었다.

빛났던 고전시대란 범신론(汎神論)과 다신교(多神敎)가 지배했던 시대, 민주정(民主政)과 공화정(共和政)이 절정에 달하고 예술과 문화가 찬란했던 시대, 인간의 상상력과 창의력이 만발했던 BC 5세기 이전의 고대 그리스와 로마 시대를 말한다.

철학(哲學), 수사학(修辭學), 변론술의 교사로서 궤변가로 알려졌던 그리스 소피스트의 선구자 프로타고라스(Protagoras, BC 481?~BC 411?)가 말한 압축된 표현에서 그 당시 인간의 사고와 삶의 환경을 추측할 수 있다.

"인간은 만물의 영장이다. Man is the treasure of all things."

이러한 그들의 사고가 찬란했던 예술과 문화를 창조해냈고 그리스 민주주의와 로마공화정 시대를 전개해낸 원동력으로 작용했기 때문에 암흑시대를 겪어야 했던 인간으로 하여금 그 시대와 시대정신에 대한 짙은 향수를 갖도록 자극함으로써 르네상스(Renaissance)라는 획기적 역사 창출을 가능케 했다.

　일반적으로 '르네상스(Renaissance)'를 '문예부흥'으로 번역하고 있지만, '문예부흥 운동'으로 이해하는 편이 정확할 수 있다. 르네상스라는 빛났던 고대 그리스, 로마시대 문화·예술의 재탄생(再誕生) 운동을 뜻한다.

　르네상스의 발상지는 15세기 이탈리아의 도시공화국들이다. 당시 유럽에서 가장 도시화되었던 플로렌스공화국(Republic of Florence)의 지배자였던 메디치가(家, the Medici)가 선두의 개척자였고 이주해온 그리스 학자들의 도움이 크게 작용함으로써 고대 이래 처음으로 고대 그리스 문화 전부가 서유럽에 흡수되는 계기가 되었다.

　플로렌스에서 시작된 르네상스 바람은 영국, 독일, 스페인, 포르투갈, Flanders(플렌데렌 지역)를 비롯한 유럽 지역으로 확산되었다. 오늘날 유럽문화, 문명의 본고장을 그리스로마로 인식하는 역사적 배경이다.

　영국 옥스퍼드 대학과 캠브리지 대학은 라틴어학과를 만들어 그리스·로마의 고전을 번역했고, 토마스 모어(1478~1535)는 『유토피아』를 썼으며 셰익스피어(1564~1616)는 불멸의 작품들을 창작했다.

　르네상스를 풍미했던 지배적 사상은 휴머니즘(humanism), 즉 인도주의였다. 휴머니스트들이 추구했던 인도주의 목표는 중세 스콜라 모델의 인간이 아니라 휴머니즘에 입각한 새로운 인간으로의 변모였다.

　스콜라 모델의 인간이 중세(8세기~17세기) 기독교적 신학 중심의 인간, 기독교적 틀에 박힌 인간이라면 휴머니즘에 입각한 새로운 인간은 고대 그리스·로마 시대 이상형이던 전지전능한 인간(universal man), 만능인간이 되기를 바라는 인간을 말한다.

휴머니즘이란 인간중심 사상이다. 범신(汎神) 문화 시대는 특정 신앙을 강요받지 않았고 인간과 신과 자연의 경계가 없다시피 하던 시대였다. 신과 인간이 결합하여 인간을 낳고 죽은 위인이나 영웅을 신격화했다.

호머의 작품에 등장하는 트로이 전쟁의 영웅 아킬레우스도 아버지는 인간이었으나 어머니는 님프(요정)였고, 시저는 사후 신으로 축성되었다.

미국의 '링컨 대통령 기념관'은 신전 양식으로 지어져 신격화를 상징하고 있다. 이와 같은 현상은 인간이 신을 능가할 수 없지만 신의 경지까지 근접할 수 있다는 가능성을 암시하고 있다.

가톨릭교회가 군림했던 암흑시대 끝자락에서 영감과 창의력이 넘치는 전지전능에 가까운 르네상스인이 출현한 것은 그들의 소망이 그처럼 크고 간절했기 때문이다. 이들은 어둠에서 광채를 뿜어낸 거인들이자 지상의 천재들이었다.

대표적 인물이 레오나르도 다 빈치(Leonardo da Vinci, 1452~1519)와 미켈란젤로(Buonarroti Michelangelo, 1475~1564)였다.

다빈치는 화가, 조각가, 건축가이면서 해부학, 식물학, 음향학, 지질학, 기계역학, 공기역학, 수역학 분야에 이르기까지 전인미답(前人未踏)의 연구와 실적을 남긴 과학자이기도 했다. 미켈란젤로 역시 천재 화가이면서 건축가였고 시인이기도 했으며, 불후의 명작을 남겼다.

그들은 고대문학과 역사, 수사학, 언어 분야 고전에 심취했으며, 도덕과 인간 행동 양식에 대한 심층적 이해를 강조했고, 도서전당(temple of books)과 지식을 지극히 중요시했다.

르네상스 지식인들은 호머의 작품과 투키디데스의 펠로폰네소스 전쟁사를 열독했고, 위대한 웅변가 데모스테네스의 연설문과 로마의 키케로 연설문에 심취했으며, 페리클레스의 추도사를 읽고, 소크라테스, 플라톤, 아리스토텔레스의 글을 탐독했다. 이들의 작품과 글과 추도사, 연설문들은 현대인들에게도 여전히 많은 영감을 주고 있다.

경제적 풍요와 정신적 역동성이 지배했던 이탈리아 도시공화국들, 특히 메디치가(家)가 군림했던 플로렌스는 도덕적, 사회적, 정치적 철학의 전성기를 누리는 가운데 정의의 덕목(the virtue of justice)과 공정성(fairness), 공화주의(republicanism)와 효율적 행정(administration), 시민사회(civil society) 의식이 싹트기 시작했다.

지금도 고전으로 읽혀지고 있는 정치사상서인 니콜로 마키아벨리(1469~1527)의 『군주론』도 이 시기에 나온 책이다.

③ 지식의 확산

르네상스 시대 획기적 현상의 하나는 인쇄술 발명과 발달로 인한 지식의 확산이다. 독일인 요하네스 구텐베르크(Johannes Gutenberg, 1398?~1468)가 1440년대에 금속활자의 활판 인쇄술을 발명한 후 1448년 마인츠에 인쇄소를 개업함으로써 대량인쇄, 대량출판 시대를 열었다.

성서의 대량 인쇄와 판매가 가능해지면서 교회와 성직자들이 지식을 독점하다시피 했던 시대에 종지부를 찍었다. 그 이전까지는 책이란 필사본이었기 때문에 대량 출판이 불가능했고 많은 시간과 돈이 필요했다. 금속 활판 인쇄기의 등장으로 책의 대량출판은 물론 대중매체인 신문을 탄생시킴으로써 지식과 정보의 확산, 지식의 대중화 시대가 도래(到來)했다.

뿐만 아니라 마르틴 루터(Martin Luther)가 비텐베르그성(城) 문에 손으로 써서 내붙였던 그 유명한 '95개조 반박문'이 인쇄되어 2주 만에 독일 전역에, 두 달 만에 유럽 전역으로 전파되어 종교개혁 운동을 가속화시켰다.

인쇄술의 발달로 인한 지식의 확산은 르네상스 운동은 물론 종교개혁, 과학혁명, 계몽운동에 직접적이고도 결정적인 작용을 했다.

④ 대항해 시대의 전개와 삶의 공간 확대

유럽에서 15세기~17세기는 대항해(大航海) 시대였다.

중국에서 발명된 나침반이 12세기 말~13세기 초 유럽으로 소개되면서 항해술 발전에 큰 도움이 되었고, 대항해 시대가 열리면서 지구 차원의 무역이 가능해졌으며, 유럽제국들에 의한 식민지 시대가 열렸다.

신의 도움에 의해서가 아니라 인간의 창의적 사고와 도전적 모험정신으로 광대한 대양 저편 미지의 세계를 탐색, 발견함으로써 인간 사고의 지평을 넓혔고 생활 영역에 심대한 영향을 줬기 때문에 1492년 크리스토퍼 콜럼버스(1451?~1506)의 신대륙 발견을 근대사의 시작으로 인식하는 계기가 되었다.

1498년 바스쿠 다 가마의 인도항로 개척, 페르디난드 마젤란

(1480?~1521)의 세계일주가 대항해 시대를 상징하는 대표적 사례들이다.

대항해 시대란 에게 해(the Aegean Sea)와 지중해(the Mediterranean Sea) 시대와 대서양(the Atlantic) 시대를 넘어 태평양(the Pacific Ocean) 시대로의 도약을 의미했고, 이탈리아의 도시 공화국들인 플로렌스, 베네치아, 제노바 같은 르네상스 요람지가 대항해 시대로 인한 무역과 교역 확대 영향을 받으면서 물질적 풍요를 이루고 르네상스 운동에 지대한 공헌을 할 수 있게 한 요인이 되었다.

르네상스는 어둠의 시대를 끝내는 빛이었고, 인간으로 하여금 자연인, 창조인이 되게 했으며, 종교개혁을 가능케 했다.

종교개혁(Reformation, 16세기~17세기)

종교개혁은 16세기~17세기에 걸쳐 유럽에서 일어난 가톨릭교회에 대한 쇄신 요구로부터 시작되었다.

종교개혁 지도자들이 내세웠던 근본적 쇄신 요구는 교회 타락의 쇄신, 양심의 자유, 성경의 모국어 번역 등에 초점이 맞추어져 있었고, 종교개혁의 성공은 신앙생활 자체를 근본적으로 변화시켰다.

이와 더불어 인간의 존엄성이 존중받는 존엄한 존재로서의 인간을 탄생시켰고, 존엄한 인간이란 양심의 자유를 절대시하고 자유의지를 따르는 인간을 뜻했다.

① 선구자들

영국의 옥스퍼드 출신으로 라틴어학자, 철학자, 신학자이면서 사제였던 존 위클리프(John Wycliffe, 1320?~1384)는 "자신의 지식을 모든 사람과 함께 나눠야 한다."는 신념의 소유자였으며 참된 하느님 교회를 타락하고 세속적인 로마의 교회와 구분했고, 성경에 없는 것은 교황이 뭐라고 하든지 진리가 아니라고 주장했다.

그는 사람들이 쉽게 읽을 수 있도록 라틴어로 기록된 성경을 영어로 번역한 『Wycliffe English Bible』을 비밀리에 전파했다. 그것으로 인해 그는 가톨릭 주교회의에서 공개재판을 받아 이단(異端)으로 단죄되고 그의 모든 저서가 불태워졌으며 수백 명이 순교했다.

옥스퍼드 고전(古典)학자이자 사제(司祭)였던 윌리엄 틴들(William Tyndale, 1492?~1536)은 30세에 헨리8세와 교회 감시망을 피해 유럽으로 건너가 독일 쾰른에 정착하여 그리스어와 히브리어로 된 『신약』 원전을 영어로 번역했고, 2년 후 6,000여 부가 인쇄되어 유럽으로 퍼져 나갔으며 몰래 영국으로 반입되었다.

그는 유럽에서 네덜란드의 인문주의자인 에라스뮈스(Erasmus)와 독일의 루터와도 만났다. 틴들의 영어 번역은 1611년 『킹 제임스 바이블(The King James Bible)』에 60~80%의 영향을 미쳤을 만큼 뛰어났다.

그는 모국에서 파견된 첩자에 의해 네덜란드에서 잡혀 감옥에서 이교주의(異教主義) 죄목으로 유죄 판결을 받아 1536년 처형되었다.

② 주역들

네덜란드 에라스뮈스(Desiderius Erasmus, 1466~1536), 독일 마르틴 루터(Martin Luther, 1483~1546), 스위스 울리히 츠빙글리(

Ulrich Zwingli, 1484~1531)와 장 칼뱅(Jean Calvin, 1509~1564) 등의 종교 지도자들이 본격적으로 종교개혁 운동을 전개했다. 이들 종교개혁의 주역들은 기독교에서 구원(salvation)은 오직 예수(Jesus)에 대한 믿음(faith) 안에서만 이뤄진다는 확신에 차 있었다.

    유럽에서 공개적이고 도전적인 종교개혁 신호탄을 쏘아올린 주인공은 사제였던 마르틴 루터였다. 사제였던 그는 1517년 가톨릭교회와 교황권에 정면으로 도전, 면죄부 폐지와 교황권 비판을 포함한 '95개 조항'에 달하는 쇄신 요구를 하고 나섰다. 교황 레오10세에 의해 1521년 파문당했으나 종교개혁의 불길은 유럽 전역으로 요원의 불길처럼 번져나갔다.

    1555년에 이르러서야 종교 갈등이 종식되고 신자들에겐 구교(舊敎, Catholic)와 신교(新敎, Protestant) 둘 중 택일할 수 있는 선택권이 허용되었지만 그 후 유럽에서 가톨릭과 프로테스탄트 간의 극렬한 대립은 30년 전쟁(1618~1648)이 끝나면서 비로소 종식되었다.

    영국 왕 헨리8세(1509~1547)는 교황의 권위를 거부하고 스스로 영국의 국교회 수장에 올랐고 비국교도인 청교도(Puritan)들은 신대륙으로 건너가 신앙의 자유를 누리는 미합중국을 세웠다.

    종교개혁의 성공은 신앙 차원을 넘어 정치, 경제, 사회, 문화적으로 심대한 영향을 끼침으로써 '초기 근대화(pre-modernization)'를 알리는 계기가 되었다.

    인간으로 하여금 교황과 교회에 대한 맹종이 아니라 개인이 지닌

'양심의 자유'와 '자유의지'에 따르는 것이 신의 섭리에 일치한다는 생각을 갖게 함으로써 '개인(individual)'이야말로 신성불가침의 존엄한 존재라는 개인주의(individualism) 사상을 예고했으며, 훗날 정직하고 정당한 개인의 노력이 신앙인의 소명임을 뜻했고 소명에 따른 부의 축적은 '신의 은총'이라는 기독교적 윤리가 자본주의 사상을 낳게 했다.

종교개혁을 통하여 하느님을 등에 업은 교황과 교회에 얽매여 살아가야 했던 수동적 인간이 '양심의 자유'에 따라 결정하고 '자유의지'에 따라 행동하는 능동적이고 자주적 인간, 존엄한 인간으로 변모했으나 양심의 자유, 자유의지 역시 하느님의 섭리에서 비롯된 것이라는 중세적 신앙관을 벗어나지 못하는 한계를 보였다.

르네상스가 인간으로 하여금 암흑에서 자연과 인간 자신의 참된 모습을 보게 만들고 창조력을 폭발시켰다면, 종교개혁은 그 연장선상에서 존엄한 존재로서 개인을 인식시키면서 개인의 자유의지를 폭발시켰다.

과학혁명(16세기~17세기)

일반적으로 1543년에서 1687년에 이르는 기간을 과학혁명 시대로 인식하는 경향이 있으나 과학혁명은 르네상스와 종교개혁의 연장선상에서 진행되었다.

르네상스인들의 자연에 대한 새로운 인식이 과학혁명의 기폭제가 되었고, 가톨릭교회의 도그마적 우주관으로부터 벗어남으로써 과학에 대한 지적 탐색이 본격화되었다.

과학혁명(Scientific Revolution)을 알리는 극적 계기는 1543년 폴란드 출신 천문학자 코페르니쿠스(Nicolaus Copernicus, 1473~1543)가 『천구의 회전에 관하여』라는 발표문에서 진리로 인식되어 오던 천동설(天動說)을 뒤집고 지동설(地動說)을 내세웠던 일이다.

지구가 우주의 중심이라는 천동설은 2세기 알렉산드리아의 천문학자, 수학자이며 지리학자였던 클라우디오스 프톨레미(또는 프톨레마이오스, Ptolemy)가 주장한 이론으로 중세 암흑시대를 상징할 만큼 종교적 신앙과 불가분의 관계로 작용했지만, 코페르니쿠스가 태양이 우주 중심이라는 지동설을 주장함으로써 당시의 통설과 상식을 완전히 뒤집어버렸다.

우리는 이것을 두고 '코페르니쿠스적 대전환(Copernicus revolution)'이라고 한다. 암흑시대 가톨릭교회가 우주를 인간이 도달 불가능한 신의 영역으로 주장했던 데 비해 르네상스인들은 우주를 적극적 탐색의 대상인 인간의 영역으로 생각했다.

비록 신비로 가득하지만 인간과 상호 연관 관계에 있음을 믿었던 그들은 자연세계를 수학으로 묘사할 수 있다고 생각했다.

천문학자, 물리학자였던 이탈리아의 갈릴레오 갈릴레이(Galileo Galilei, 1564~1643)는 망원경으로 태양의 행성인 목성을 관측했고 지동설을 주장했다가 종교재판에서 주장을 번복했으나 돌아서서는 "그래도 지구는 돈다."는 유명한 말을 남겼다.

천문학자이던 독일의 요하네스 케플러(Johannes Kepler,

1571~1630)는 행성운동에 관한 케플러 법칙을 발견했고 영국의 아이작 뉴턴(Isaac Newton, 1642~1727)은 1687년에 발표한 『자연철학의 수학적 원리』에서 만유인력 법칙, 천체운동 법칙과 뉴턴 역학을 전개함으로써 과학혁명에서 인류사적 대업을 남겼다.

과학혁명 시대에 천문학, 광학, 물리학, 수학, 화학, 해부학, 지질학, 생물학 등 광범위한 분야에 걸쳐 획기적 진전이 이뤄짐으로써 이전까지 관념적이고 추상적이며 종교적 사고에 익숙해 있던 인간으로 하여금 실험과 경험에 입각한 과학적 사고를 중요하게 생각하도록 만들었다.

영국의 철학자이자 경험주의자였던 프랜시스 베이컨(Francis Bacon, 1561~1626)은 「실험적 방법과 귀납법」이란 글에서 자연에 대한 참다운 지식에 도달하기 위한 방법을 제시했다.

프랑스의 철학자이자 수학자였던 르네 데카르트(Rene Descartes, 1596~1650)는 가설에 입각한 '연역법'을 제시하고 물질과 운동에 관한 이론을 썼으며 그가 말한 "나는 생각한다. 고로 나는 존재한다."라는 유명한 명제(命題, thesis)는 인간으로 하여금 이성적이고 합리적인 사고를 하도록 자극했다.

과학혁명은 국가나 정부가 주도한 것이 아니라 개인 또는 사설 아카데미와 민간학회가 주도했기 때문에 자유롭고 독창적인 연구를 가능하게 했다.

1657년에 플로렌스에서 '실험 아카데미'가 설립되고 1660년, 영국에서도 '왕립학회'가 발족하여 실험과 과학이론을 토의했으며 물리학, 수학 등 실험적 지식 향상에 크게 기여했다.

과학혁명은 자유로운 사고와 자연현상에 대한 호기심에서 촉발되었으며 인간을 절대적 세계, 추상적 세계로부터 상대적 세계, 실제적 세계로 안내하면서, 이성(理性)에 입각한 합리적이고 과학적인 사고를 하는 존재로 만들었으며, 미래 산업혁명의 토양을 만들었다.

사상혁명(18세기~19세기)

18세기와 19세기에 걸쳐 유럽에서 일어난 '계몽운동(the enlightenment)'을 일컬어 사상혁명이라고 한다. '계몽운동'이란 근대인을 탄생시키고 근대국가를 출현시킨 지적, 철학적 운동으로 암흑시대와의 영원한 결별을 의미하는 결정적 계기가 된 문명사적 사건이다.

계몽운동을 촉발시킨 요인은 많지만 직접적으로 영향을 준 대표적 인물 중 한 명이 과학혁명의 최종주자였던 아이작 뉴턴이다. 그는 천상계(天上界) 운동과 지상계(地上界) 운동이 동일한 법칙에 따른다는 것을 수학적으로 증명하여 인간세계와 천상세계를 하나의 끈으로 연결해냄으로써 인간 역할의 영역을 무한대로 확장시켰다.

그의 수학적이고 실험적이며 경험적인 방법론이 유럽 지식사회에 끼친 영향은 실로 컸다. 그는 가설(假說)이라는 독단을 거부했고 형이상학적이고 독단적인 울타리 안에 갇혀 있던 인간을 합리적이고 과학적인 사고의 길로 안내함으로써 계몽운동을 직접적으로 자극했다.

프랑스의 계몽운동의 거인 중 한 명이었던 프랑수아 볼테르(François Voltaire, 1694~1778)가 영국에 일시 피신하고 있던 때에 뉴턴 장례식이 장엄한 국장으로 치러지는 것에 감동을 받아 영국을 이성과 과학이 존중받는 자유의 상징으로 인식했다.

그는 귀국 후 편견과 독단에 빠진 상층 지배계급과 무지몽매한 하층계급을 깨우치고 뉴턴처럼 사고하고 실천하는 인간이 되도록 안내하기 위하여 앞장섰고 계몽운동에 지적 식량을 공급해준 『백과전서』 편찬 작업에도 적극적으로 참여했다.

계몽운동의 중심지는 파리였으나 프랑스를 비롯해 영국, 독일, 네덜란드 등 유럽 여러 나라에 걸쳐 철학, 정치, 경제, 사회 분야에서 다음과 같은 사상가와 이론가들이 주도적으로 활약했다.

① 토마스 홉스(Thomas Hobbes, 1588~679, 영국)
사회계약론(主權在民 사상), 만인에 의한 만인의 투쟁,
국가의 성격(必要惡: 최소 정부 사상), 『리바이어던(Leviathan)』

② 르네 데카르트(René Descartes, 1596~1650, 프랑스)
이성과 합리주의 정신.

③ 바뤼흐 스피노자(Baruch Spinoza, 1632~1677, 네덜란드)
도그마 반대, 과학적 지식과 직관적 체험 중시, 참된 선과 최고의 행복과 진정한 자유 추구.

④ 존 로크(John Locke, 1632~1704, 영국)
사회계약론, 자유주의 정치 이론(미국 독립선언과 헌법에 영향). 생명권, 자유권, 재산권.

⑤ 샤를 몽테스키외(Charles Montesquieu, 1689~755, 프랑스)
법의 정신, 삼권분립.

⑥ 프랜시스 허치슨(Francis Hutcheson, 1694~764, 영국)
도덕철학, 공리주의 영향, 애덤 스미스에게 직접적 영향.

⑦ 데이비드 흄(David Hume, 1711~1776, 영국)
회의론적 경험주의, 애덤 스미스에게 직접적 영향.

⑧ 장 자크 루소(Jean-Jacques Rousseau, 1712~1778, 프랑스)
사회계약론, 불평등 기원론(1754).

⑨ 드니 디드로(Denis Diderot, 1713~1784, 프랑스)
『백과전서』 편찬 주도. 엔사이클로피디아(Encyclopédie 또는 Encyclopedia) 35권, 21년간 150여 명 참여.

⑩ 애덤 스미스(Adam Smith, 1723~1790, 영국)
자유주의 경제이론, 『국부론』(1776)

⑪ 이마누엘 칸트(Immanuel Kant, 1724~1804, 독일)
『순수이성 비판』(1781), 세계정부, 영구평화론.

이들 계몽 사상가들이 꿈꿨던 이상(ideals)은 '인간의 행복,' '개인의 행복'이라는 개인주의 본질 추구에 있었고 실현하고자 했던 목표는 다음과 같다.

① 인간의 계몽화(인간의 근대화; 근대인).
② 물질적 부와 자유와 권리를 누릴 수 있고 관용과 타협,
    시민윤리가 존중받는 시민사회(사회의 근대화; 근대사회).
③ 자유와 평등이 보장되고 생명, 인권, 재산이 보호되는
    주권재민의 입헌정부(국가의 근대화; 근대국가).

계몽사상은 인간으로 하여금 근대인이 되게 했고, 근대사회 형성과 근대국가 출현의 원동력으로 작용했다.

- **사회의 근대화**

사회의 근대화란 근대사회의 형성을 뜻하고 근대사회의 주인공은 근대인이다. 계몽사상의 세례를 받은 '근대인(the Enlightened man)'

은 1400년 무렵 이탈리아에서 르네상스가 시작된 이래 1800년경 칸트에 이르기까지 400여 년에 걸쳐 진행된 종교개혁, 과학혁명, 사상혁명을 거치면서 탄생했다.

근대인이 지닌 특성은 인간 본성과 존엄성을 중시하는 '개인주의(individualism)'에 있으며 이성적이고 합리적인 사고를 하고, 자신이 존엄한 존재임을 자각하며, 자연과 우주현상을 과학적 시선으로 바라보고, 지식의 소중함을 알며, 범세계적 차원에서 판단할 줄 알고, 공동체 구성원으로서 관용과 타협이 중요함을 아는 깨어 있는 존재로서 전통적 봉건사회를 근대적 자본주의 사회로 전환시킨 주역이다.

사회 근대화는 18세기 영국에서 시작된 '산업혁명(Industrial Revolution)'과 더불어 이뤄졌다.

산업혁명으로 봉건제도가 붕괴하고 정치적 환경이 변하면서 자유농민이 생겨났고, 이들이 1769년 방적기계 발명에 힘입어 면직물 산업을 근대산업으로 발전시키는 과정에 도시화가 이뤄지기 시작했으며, 면직물 수요가 급증하자 1780년 제임스 와트(James Watt)에 의한 '증기기관' 발명으로 대량생산 시대가 도래(到來)하고 숯 대신 석탄 사용으로 제철산업이 본격화되면서 산업발전이 가속화되었다.

지속적인 과학기술 발달, 기계화, 대량생산 체제, 교역 확대가 교통·통신 발달을 수반하면서 역동적 자유 시장경제 환경이 갖추어지는 가운데 새로운 계층이 출현했다.

자본가, 금융업자, 무역업자, 수공업자, 상인, 기술자 등이 생겨나 자본주의 사회인 시민사회의 등뼈라 할 수 있는 중산층, 즉 부르주아(bourgeois) 계층이 생겨나면서 사회 근대화를 촉진시켰다.

이러한 환경의 변화는 필연적으로 정치·경제·사회의 각 방면에서 심대한 결과를 불러일으켰다. 귀족과 토지 중심의 농업경제에 기반을 둔 전통사회가 제조업과 교역경제에 기반을 두는 자본주의 사회로 변모했고, 산업화에 따른 도시화로 노동자 계층이 새겨나 새로운 정치·경제·사회 문제가 야기되었다.

영국의 자본주의 사회 발전에 결정적 영향을 준 것은 애덤 스미스의 경제사상과 이론이다. 도덕철학자였던 프랜시스 허치슨과 회의론적 경험주의자였던 데이비드 흄으로부터 직접적인 영향을 받았던 그는 1776년 『국부론』(The Wealth of Nation)에서 '자유교역'과 '자유 시장경제'를 역설했고 이와 같은 그의 사상과 이론은 즉각적으로 영국 정부에 채택되고 실천되었다.

인간 본성에 대해 깊은 지식과 통찰력을 지녔던 그는 인간이란 본능적으로 이기적이며 인간의 이기심이 부를 창출해내는 근원이고 국부의 원천임을 강조하면서 개인으로 하여금 자유로운 생산과 거래, 즉 자유로운 경제활동을 고무하고 보호해주는 것이 국가의 의무라고 주장했다.

이것은 곧 '자본주의적 개인주의'를 말한 것이다. '자본주의적 개인'이란 자본주의 사회인 시민사회(civil society)의 주인공을 뜻했다. 자본주의적 개인이 존재함으로써 자본주의 사회인 시민사회가 성립될 수 있다. 그가 저술한 『국부론』은 자본주의 국가들이 자본주의 경제의 교과서처럼 받아들이고 있는 자본주의 사상과 이론에 관한 대표적 고전이다.

애덤 스미스의 경제사상과 이론은 기원전 5세기 아테네 민주주의 사상과 이론이 오늘날에도 존중되고 실천되고 있는 것과 같이 21세기 자유 시장경제 발전과 번영을 가능케 하고 있는 지침이며 안내자다.

그는 또 자유시장경제로 번영을 누리려면 시민사회 구성원 개개인이 경제활동의 주체로서 법을 존중하고 질서유지를 중시하는 시민적 덕목이 필수적이라고 했다. 이는 곧 법치주의가 뒷받침되었을 때만 자유시장경제가 작동할 수 있음을 말한 것이다.

그러나 다른 한편으로는 자유 시장경제를 바탕으로 하는 자본주의 체제의 모순이 맑시즘을 탄생시켜 20세기 국제사회에 크나큰 충격을 주었으나 자유 자본주의는 자정과 부활을 거듭하면서 여전히 생명력을 잃지 않은 채 건재하고 있다.

2022년 8월 30일, 고인이 된 구(舊)공산주의 소련제국의 최후 지도자였던 고르바초프(Mikhail Gorbachev, 1931~2022)가 남긴 의미심장한 말은 실상 서방 자본주의 국가 지도자가 말했어야 할 표현이다.

"시장이란 자본주의 상징이 아니라 문명의 상징이다. Market was a mark of civilization, not capitalism."

전통적 맑시스트들, 사회주의자들은 '시장'을 자본주의의 상징이자 불평등을 초래하는 근원으로 인식하는 일관된 입장을 갖고 있지만 고르바초프의 표현처럼 시장이란 자유경쟁으로 부를 창출해내고 문명사회 발전을 떠받쳐주는 상징적 현장이자 자유 시장경제 심장으로서 시민 중산층을 만들어내고 자본주의 사회이자 시민사회인

'근대사회'를 탄생시켰다.

- **국가의 근대화**

사상과 이론

근대국가의 출현은 계몽사상에 의한 직접적 영향에서 비롯된 프랑스혁명과 미국혁명에 기인한다.

혁명을 뒷받침한 정치사상과 이론을 주도적으로 제공한 인물들은 대표적 계몽 사상가들이었던 영국의 토마스 홉스, 존 로크, 애덤 스미스와 프랑스의 샤를 몽테스키외, 장 자크 루소, 독일의 이마누엘 칸트였다.

이들이 주장했던 주요 근대국가 이론은 인간의 존엄성, 개인주의, 주권재민론, 사회계약론, 개인의 자유와 권리, 입헌정부, 자유시장, 자유교역, 법의 지배였다.

홉스, 로크, 루소 모두 사회계약(social contract) 이론을 제시했다. 이것은 "정부 권한이란 인민의 동의하에서만 정당성을 지닌다."는 주권재민(主權在民) 사상에서 비롯된 것으로 근대국가를 상징하는 '입헌정부(constitutional government)' 성립의 기본 조건을 말한다.

홉스는 국가 성격을 '필요악(necessary evil)'으로 규정했다. 그는 『리바이어던(Leviathan)』(1651)에서 '개인의 권리,' '인간의 자연적 평등'을 주장했고 국가는 최선의 상태에서도 '악(evil)'이므로 정부는 인민에 의해 최대한 감시되고 통제되어야 하고 작은 정부일수록 바람직하다는 제한된 정부(limited government), 작은 정부(small government) 사상을 제시했다.

로크는 근대 자유주의 정치사상에서 가장 큰 영향을 준 계몽 사상가였다. 그는 「정부에 관한 논고(Two Treatises of Government)」에서 자연권(natural rights)을 전개했고 사회계약론에 입각한 '인민의 정부', '제한된 정부'를 주장했으며 볼테르가 강조했던 종교적 관용(tolerance)을 구현하기 위해 국가와 교회의 분리(separation between state and church)를 역설했다.

모든 인간은 자연 상태에서 동등하게 태어났으므로 똑같이 완벽한 평등을 누릴 수 있는 권리를 지니며 개개인은 차별 없이 누구나 생명권, 자유권, 재산권과 같은 자연권을 갖는다고 주장했다.

이때 자연권이란 천부적 권리를 뜻했으며, 이러한 권리를 누리는 상태를 자연법(natural law)에 따른 현상이라고 했다. 따라서 개인이 시민사회 구성원이 되는 것은 그와 같은 자연권을 보호받기 위함이며 정부와 법원이 이를 보장하고 보호해줄 의무가 있다고 했다.

'인민의 정부'란 홉스, 루소와 함께 주장했던 사회계약론에 근거한 정부를 말하며 '제한된 정부'란 홉스가 말했던 "필요악으로서 국가"라는 전제 하에 최소 정부가 가장 이상적인 정부이며 최소 정부 하에서만 개개인의 자유와 권리가 최대한으로 보호받을 수 있게 된다고 했다.

로크의 사상과 이론은 「미국독립선언서」와 프랑스혁명 당시 선언된 「인권선언 the Rights of Man and of the Citizen」에 고스란히 적용되었다.

미국혁명 당시 건국 지도자들은 유럽의 계몽운동으로부터 지속적으로 직접적인 영향을 받고 있었고 프랜시스 베이컨, 아이작 뉴턴, 존 로크로부터 크나큰 영향을 받았던 「독립선언서 Independence Declaration」의 아버지 토마스 제퍼슨(Thomas Jefferson)은 로크가 주장했던 '국가와 교회의 분리론'을 그대로 받아들였다.

유럽 역사에서 종교를 빼놓고는 설명할 수 없을 만큼 종교 문제는 심각한 문제였기에 종교가 더 이상 국가 운영과 개인의 삶을 좌지우지하지 못하게 제도적 장치를 하고자 고안해낸 이론이 국가와 교회의 분리다. 유럽인들은 신앙의 자유 획득을 위해 긴 세월에 걸쳐 피나는 투쟁의 과정을 거쳐야만 했고 신앙의 자유를 누리기 위해 모국을 떠나 미지의 신대륙으로 옮겨가야만 했다.

미국 헌법의 아버지 제임스 매디슨(James Madison)은 "정부란 사회계약론에 따라 저절로 수립되는 것이 아니라 권력자의 권력이 작용해서 이뤄진다."고 했던 데이비드 흄의 영향을 받았다.

그는 인간이란 천성적으로 이기적 존재이므로 인민의 선의에만 의존해서 정부를 운영할 수 없음을 확신하고 몽테스키외의 삼권분립론에 의한 견제와 감시 원칙론을 수용했고 개개인 간, 집단 간의 이익 충돌이 불가피한 의회정치에서 볼테르가 말한 '관용과 타협'을 전제로 하는 공화주의(republicanism)를 헌법에 명시했다.

18세기 가장 중요한 정치이론가로서 영국 체류기간 의회를 참관하고 그곳 정치저널을 탐독했으며 로열 소사이어티 회원이 되기도

했던 몽테스키외는 그 유명한 『법의 정신 The Spirit of Laws』(1750)에서 정치이론 역사, 법의 역사를 논하고 입법부, 행정부, 사법부는 각각 독립을 유지하고 상호간 견제와 감시를 가능케 하는 정부가 자유를 가장 많이 고양시키는 국가라고 주장했다.

그는 법치의 필요성과 중요성을 역사적 사실들을 들어 강조함으로써 근대국가의 법치주의에 깊은 영향을 줬다. 입헌정부가 효율적으로 작동하고, 시민사회에서 법과 질서가 존중되며, 개인의 자유와 권리가 보호받으려면 법치를 위한 제도적 장치, 헌법적 장치가 뒷받침되어야만 했다. 현대 민주주의 국가에서 절대시하는 법치주의를 말한다. 그의 사상과 이론 역시 「미국 독립선언」과 미국 헌법 작성에 영감을 불어넣었다.

루소의 사회계약론과 『불평등기원론』은 프랑스혁명의 뇌관으로 작용했고 훗날 맑시스트들에게 심대한 영감과 영향을 미쳤다. 프랑스혁명 당시 급진적 평등사회 노선을 앞세워 피바람을 불러 일으켰던 로베스피에르를 비롯한 자코뱅들은 루소의 사상과 이론의 실천자들이었다.

"사회적 모순은 개인의 책임이 아니라 사회적 책임."이라고 한 것은 집단주의 사고를 불러일으켰고, "사유재산이 만악(萬惡)의 근원이자 불평등의 근원이다."라는 논리는 맑시즘의 핵심이다.

"인간은 자연 상태에서만 평등하다."는 논리는 궁극적으로 국가와 정부가 존재하지 않는 상태, 즉 국가소멸 상태에서만 평등해질 수 있다는 맑시스트들의 유토피아 사상에 맥이 닿아 있다.

특히 프랑스 혁명에서 사상적 기폭제로 작용한 것은 루소의 「일반의지(general will)」론이다. 이것은 사회정의와 평등사회를 구현하려는 집단적 인민의 의지를 말한다. 그가 말한 집단적 인민의 의지가 초래한 정치적 대사변이 프랑스혁명이다.

이상 언급한 계몽사상의 거인들이 오늘날까지 생명력을 유지하고 있는 근대국가를 굳건히 지탱하고 있는 '보편적 가치(universal values)'와 '보편적 원칙(universal principles)'을 제시한 위업을 남겼다.
시간과 공간, 인간이라는 요소를 뛰어넘는 불변의 가치와 원칙을 보편적 가치와 보편적 원칙이라 하며 그들이 제시한 근대인, 근대사회, 근대국가와 관련된 가치와 원칙들은 230여 년이라는 긴 세월에 걸쳐 불변이라는 사실이 증명된 것들이므로 보편성을 갖게 된다.
그들이 말한 보편적 가치란 인간의 존엄성, 개인의 자유와 권리, 정의와 평등이며 개인의 자유란 사상의 자유, 표현의 자유, 언론의 자유, 집회의 자유, 결사의 자유, 이동의 자유, 계약의 자유, 교환의 자유, 노동의 자유이고, 평등이란 기회의 평등, 법 앞의 평등이며 개인의 권리란 행복추구권, 생명권, 재산권, 참정권 등을 말한다.
또한 국가 운영을 위한 보편적 원칙이란 정치에서 주권재민, 입헌정부, 권력분립 원칙 하의 견제와 감시, 경제에서 자유시장, 자유교역, 사회적으로 관용과 타협, 국가와 교회의 분리, 그리고 법치이다.

이상과 같은 보편적 가치와 보편적 원칙에 입각하고 있는 '근대국가'가 지니고 있는 포괄적 의미는 민주화되고 자유화되고 법의 지배를 받는 국가, 도시화되고 시민사회화되고 산업화되고 상업화된 국가다.

이는 곧 민주공화국, 자유민주주의 국가, 자유자본주의 국가를 말한다. 이러한 모습으로 등장한 근대국가는 프랑스혁명, 미국혁명으로 탄생했다.

프랑스혁명 (1789)

계몽사상으로 무장한 인민이 절대왕정을 무너뜨리고 완고한 봉건체제를 붕괴시켜 계몽 사상가들이 소망했던 근대국가를 탄생시킴으로써 유럽 근대사의 일대 전환을 초래한 정치적 사건이 '프랑스혁명(the French Revolution)'이다.

급진주의자들이 광풍을 불러일으킨 혁명으로 입헌정부, 근대국가를 세웠으나 오래지 않아 나폴레옹 왕정 체제로 막을 내렸고, 그 후 2차 세계대전이 끝날 때까지 군주정, 공화정, 거듭된 혁명을 겪어야 했으나 혁명 당시 프랑스 인민이 외쳤던 자유(liberty), 평등(equity), 박애(fraternity)는 세계 자유인들의 영원한 구호가 되었고 나폴레옹 전쟁을 통하여 유럽 대륙에 자유정신을 전파한 결과를 낳았다.

나폴레옹 군이 1806년 독일 예나(Jena)를 점령했을 때 이를 목격한 철학자 헤겔(Hegel, 1770~1831)은 '역사의 종말'이 도래했다고 말했다. 그가 말한 역사의 종말이란 왕정체제와 봉건체제의 종말에 따른 자유, 평등 세상의 도래를 의미했다.

혁명 지도자들은 로크와 몽테스키외 인권사상을 받아들여 자유주의 역사에서 기념비적 의미를 갖는 그 유명한 「인권선언 The Declaration of the Rights of Man and of the Citizen」(1789)을 채택했다.

　프랑스는 대서양 건저 미국 독립혁명을 지원했으며, 1886년 미국 독립 100주년을 기념하여 '자유의 여신상(Liberty Statue)'을 기증했고 미국은 이것을 뉴욕 항 입구 허드슨 강 리버티 섬에 세웠으며 지금도 높이 서 있다.

　이러한 프랑스의 조치는 프랑스가 자유정신의 본고장임을 은연 중에 과시하고 프랑스와 미국은 자유를 위한 영원한 동반자임을 상징적으로 나타낸 조치였다.

미국혁명 (1776)

　프랑스혁명과 같이 미국혁명 역시 계몽사상의 영향을 받은 혁명이지만, 실패로 막을 내렸던 프랑스혁명과는 달리 미국혁명은 성공(成功)한 혁명이자 장수(長壽)하고 있는 혁명이다.

　미국혁명은 8년(1775~1783)에 걸친 대영 독립전쟁에서 승리하여 160여 년에 걸친 영국 식민지 시대를 마감하고 독립국가로서 민주적 입헌정부를 갖는 미합중국(United States of America) 건설에 성공했다.

　미국혁명 성공과 미합중국 건국은 미국뿐만 아니라 20세기 이후 국제사회에서 선도적, 주도적 역할의 배경이 되고 있다는 점에서 세계적이고 인류사적 의미를 갖는 경우라고 하겠다.

　현인들이었던 건국조상들인 조지 워싱턴, 토머스 제퍼슨, 알렉산더 해밀턴, 제임스 매디슨, 벤자민 프랭클린, 존 애덤스는 계몽사상을 적극적으로 흡수하여 위대한 문서로 알려져 있는 「독립선언서」와 「헌법」을 창조해냈지만 이들은 정부조직과 정치체제 결정을 위해 고대 그리스 민주정과 로마 공화정, 영국의 관습법(Common Law)을 깊이 연구하고 참고했으며 미국혁명에 불을 붙인 토머스 페인(『상식』의 저자)이 그들에게 바랐던 대로 아메리카 신대륙에 인류의 대의(大義)를 위한 가장 이상적이고 위대한 자유민주공화국 건설을 목표로 했고, 마침내 실현했다.

미국 지도자들과 국민은 건국 조상들이 물려준 건국 이상을 포기한 적이 없었으며 미국은 2차 세계대전을 계기로 새로운 모습과 자유 세계 리더 국가로 변모하면서 국제사회에서 주도적 역할을 하고 있다.

가장 자유로운 나라, 국민이 주인인 나라, 법 위에 누구도 군림할 수 없는 법치의 나라로서 면모를 과시하고 있다. 이러한 현상은 미국 지도자들과 국민의 역량과 관계되는 것이지만 그들이 인류의 보편적 가치와 원칙의 힘을 신앙 차원에서 확신하고 있는 데서 비롯된 결과이다.

2차 세계대전 당시 미국이 보여준 모습은 2,500여 년 전 아테네를 연상케 할 뿐 아니라 자유민주주의, 자유 시장경제, 법치의 힘이 얼마나 위대한가를 실감케 하였다.

전쟁 참여를 꺼리고 있던 미국인들은 일본에 의한 진주만 기습을 당하고 나서야 참전하게 되지만 전쟁 준비 상태는 지극히 허술했다. 군사력도, 전쟁물자 생산 환경도 미약했으나 루즈벨트(F. D. Roosevelt) 대통령을 비롯한 지도자들이 모든 난관을 극복하고 2차 세계대전 승리에 최대 기여자가 될 수 있었던 이면에는 자유를 지키기 위해 파시스트들을 응징해야 한다는 국민의 주저 없는 참여는 물론 민간 대기업들이 정부 요구에 부응하여 미군과 연합국들이 필요한 전쟁 물자를 대량으로 생산·공급할 수 있었기 때문이다.

한때 루즈벨트 정부의 뉴딜 정책으로 냉대를 받았던 대기업인 포드(Ford)는 전투기와 폭격기를, 크라이슬러(Chrysler)는 탱크를, 후버댐(Hoover Dam)을 건설한 카이저(Kaiser)는 수송선과 전함을, 듀폰(Dupont)은 '맨해튼 프로젝트'에 필요한 원자로 건설과 플루토늄 생산, 포탄, 탄약, 폭약, 폭발물을 생산·공급했다.

2차 세계대전은 자유를 말살하려는 파시스트 국가들과 자유를 수호하고 이들을 응징하려는 국가들 간의 혈전이었다.

고대 아테네가 BC 490년 페르시아의 대규모 그리스 원정군의 침공을 막아냈던 마라톤(Marathon) 회전의 결정적 승리 요인 중의 하나는 아테네 시민들이 자유를 지키고자 결사항전을 마다하지 않았기 때문이었던 것처럼, 2차 세계대전 당시 나치스 독일과 파시스트 이탈리아, 군국주의 일본을 패배시킨 주역 미국의 모습은 2,500여 년 전 아테네 모습과 다르지 않았다. 미국의 승리는 미(美)국민이 지녔던 자유정신, 자유기업가 정신이 작용했기 때문이다.

구미(歐美) 국가들 중 근대국가로서 가장 긴 세월 동안 건재하고 있는 국가는 미국과 영국이다. 이들 국가는 계몽 사상가들이 물려준 자유주의 체제가 지닌 보편적 가치와 원칙을 굳게 지켜왔기 때문이다.

대한민국이 미합중국과 함께 하고 있다는 것은 큰 축복이라고 할 수 있다.

근대화의 보편적 특성

- **가치관의 변화**

  합리주의, 개인주의, 지성주의, 상대주의(relativism).

- **사회적 변화**

  세속화, 산업화, 도시화, 부의 축적, 교육 확산.

- **정치·경제적 변화**

  자유민주주의, 자유시장경제, 법치(the rule of law).

- **시민사회의 출현**

  중산층과 노동자 계층 탄생, 다원성과 역동성 발휘, 일시적 변화가 아니라 영구적 변화 초래.

근대화의 확산과 세계화

국제적으로 근대화는 여전히 진행 중이며 확산 중이다.

선진 자본주의 국가인 7개국, G-7 국가들인 미국, 영국, 프랑스, 독일, 이탈리아, 캐나다, 일본이 근대화에 성공한 국가들이고 아시아, 아프리카, 중동, 라틴 아메리카 지역에는 여전히 전근대에 머물고 있는 국가들이 많으며, 러시아, 중국은 근대화 기준을 적용하기 어려운 반(反)자본주의 국가들이다.

20세기 이후 진행되고 있는 세계화(globalization)는 '근대화의 세계화'라고도 할 수 있다. 보편적 가치의 세계화 물결이기 때문이다.

세계화는 New Left들이 떠드는 것처럼 미국을 비롯한 선진 자본주의 국가들의 음모(陰謀) 때문이 아니라 보편적 가치를 공유하며 함께 안전을 도모하고 평화와 번영을 누리면서 인류사회 발전을 이룩하려는 인간의 신념으로 인해 생겨나는 역사 발전(發展)의 현상이다.

그러나 지역과 민족과 국가에 따라 가치관을 달리하는 문화가 존재하는 한 지구 차원의 천편일률적 근대화란 영원히 불가능할 수도 있다.

대한민국 근대화는 어느 정도의 수준일까?

한국의 근대화

우리는 근대화가 마무리된 국가에서 살고 있는 것처럼 생각하지만, 그것은 착각이다. 경제면에서는 근대화가 이루어졌지만 정치와 법치는 전근대(前近代) 수준이고 시민과 국민은 함량 미달인 근대 수준에 머물고 있다.

조선일보 유럽 특파원 정철환 가지가 2022년 8월 16일에 기고한 글에서 "한국은 확실한 서방국가다."라고 했다. 한국은 미국과 UN의 도움으로 건국했고, 서방 국가들이 15만을 희생해서 지켜진 나라이며, 이들과의 교류·협력 덕분에 10대 경제 강국이 되어 G-8 후보로 부상한 것을 근거로 들었다.

100년 역사를 지닌 미국의 격월간지 『포린 어페어스(Foreign Affairs)』는 2022년 7/8월호에 '시카고국제문제위원회Chicago Council on Global Affairs'의 위원장이 다음과 같은 글을 기고했다.

"아시아, 유럽, 북아메리카 국가들 중 선진 민주 동맹국들을 포함시켜 G-7을 G-12로 확대하자."

그러면서 구체적인 대상으로 대한민국을 포함하여 오스트레일리아, 뉴질랜드, EU, NATO를 거명했다. 이렇게 되었을 때 G-12는 인구 10억, 세계 GDP의 60%, 세계 총 군사비의 60%에 이르는 역량을 갖추게 되어 러시아와 중국을 합친 세계 GDP 20%, 군사비 17%를 압도할 수 있으며, 현재 위협받고 있는 '법의 지배에 의한 질서(the rule-based order)'에 활력을 줄 수 있다고 했다.

한국은 UN 가입 193개국들 중에서 G-8 후보, G-12 후보 국가가 될 만큼 무시할 수 없는 국가가 되었다. 조선일보 정철환 기자처럼 "한국은 확실한 서방국가다."라고 말해도 조금도 어색하지 않다.

'서방국가'란 '서방화된 국가'임을 뜻한다. 그가 말한 서방국가란 근대화된 선진 서방국가를 염두에 두고 한 말이다. 서방화된 한국, 이는 곧 한국이 서구 근대화를 모방하여 성공한 근대국가가 되었음을 의미한다.

20세기 이전까지 유교문화권인 한국, 일본, 중국은 전(前)근대국가들이었고 이들 국가에서는 개인의 자유와 권리, 시민사회, 입헌정부, 시장경제, 법치 같은 개념이나 실체는 존재하지 않았으며, 일본만 서구 근대화 모방을 시작하고 있었을 뿐이다.

아시아에서 서구 근대화 모방에 성공한 국가는 일본이 첫 번째이고, 그나마 그 뒤를 따른 국가가 한국이다.

- **조선시대 (1392~1910)**

조선시대를 언급하지 않을 수 없는 것은 민족사관을 지닌 학자들이 '근대화 맹아'는 조선시대부터 싹트기 시작했다고 주장하기 때문이고, 조선시대 전통과 관습이 현재까지 영향을 주고 있기 때문이다.

　　조선왕조 518년은 왕과 왕족, 왕실을 둘러싼 소수 권문세도가들과 사대부들이 小中華蕃國(소중화번국: 속국)을 자처하며 중국 황제의 품에 안겨 그들만의 세상에서 살았으나, 백성들은 조선이 망할 때까지 억압과 수탈의 대상이었으며 빈곤과 문맹 속에서 천대를 받으며 노예와 다를 바 없는 삶을 살아가야 했던 '암흑시대'였다.

　　유럽의 중세 암흑시대가 가톨릭 신앙이 지배했던 시대였다면 조선의 암흑시대는 주자학(朱子學) 도그마가 지배했던 시대였다. 왕과 왕족들, 사대부와 사림들은 사농공상(士農工商) 의식에 집착하여 노동과 생산과 상거래를 천시하여 빈곤을 자초하고 사회발전을 불가능케 한 '경제적 암흑시대'였고 소수 지배세력이 지식을 독점한 채 백성은 문맹 상태, 무지몽매(無知蒙昧)한 상태로 방치한 '지적 암흑시대'였으며, 명(明)과 청(淸)의 번국(蕃國)으로 보호받으면서 명맥을 유지해야만 했던 '정치적 암흑시대'였다.

　　조선이 받들고 섬겨야 했던 종주국 명·청 시대는 이들 왕조가 몰락할 때까지 사람도, 땅도 모두가 황제의 소유였을 뿐 독립적이며 자주적 인간, 개인이란 존재할 수 없었고 자유와 권리를 주장하면 역모의 죄를 뒤집어써야 했던 어둠의 시대였다.

　　중국의 황제가 명령을 내릴 때는 언제나 "하늘의 뜻을 받들어 명하노니…"로 시작했다. 하늘을 등에 업고 자기 백성은 물론 번국과 속국들을 옴짝달싹하지 못하게 억압하고 통제했다. 하늘의 뜻, 하늘의 도리를 인간 세상의 뜻, 인간의 도리로 바꿔놓은 것이 중국인이 정립해 놓은 주자학이다.

　이성계가 이소사대(以小事大)라는 대의명분을 내세워 위화도 회군으로 실권을 장악, 새로운 왕조를 세운 후인 1393년 명의 속국임을 자청했을 때, 명나라 태조 주원장(홍무제)이 "자연의 도를 따랐다."라고 했다.
　태조 이성계는 국호를 명 태조가 결정해주기를 자청해서 '조선(朝鮮)'이라는 국호를 하사받았다. 부모가 자식을 낳으면 자식의 이름을 지어주는 것은 아버지다. 명나라 황제가 '조선'이라는 국호를 결정해줬다는 것은 명 황제가 조선의 어버이가 되었음을 의미한다. 이것은 조선과 명의 관계가 단순한 속국과 종주국 관계가 아니라 부자(父子) 관계임을 상징한다.
　1392년~1910년에 이르는 조선왕조 518년은 구미 선진국들이 1,000여 년에 걸친 암흑시대를 끝내고 400여 년에 걸친 노력과 분투로 근대국가로 발돋움하면서 빛나는 문명사를 이뤄가던 시대였다.
　조선은 종주국 명이 망한 후 청(淸)의 지배를 받으면서도 정신적으로는 명(明)의 혼백을 섬기면서 소중화(小中華)를 자처하며 절개를 지키는 지극정성을 다했다. 오늘날의 한국 정치인들, 지식인들 중에도 중화 사대의식(事大意識)에 물들어 있는 인사들이 적지 않다.

　이영훈 교수가 실증적 자료에 근거하여 우리가 학교에서 가르쳐주지 않는 내용을 담은 책『세종은 성군인가』에서 놀라운 역사를 말했다.
　조선시대를 통하여 대표적으로 거론되는 왕은 성군으로 일컬어지는 세종(世宗, 재위 1418~1450)과 계몽군주로 일컬어지는 정조(正

祖, 재위 1776~1800)다.

　　세종은 명과의 외교에서 지성사대(至誠事大)의 모범을 보였다. 명나라 황제를 성과 예를 다하여 섬김으로써 중국 천자(天子) 중심 국제질서에 모범적으로 편승하여 '사대주의 국가 체제'를 완벽하게 구축함으로써 자주독립정신을 철저히 포기했다.

　　그는 또 노비제도를 완벽하게 정비하여 노비의 자식은 반드시 노비가 되어야만 했고 노비는 주인을 고발할 수 없게 하고 주인이 노비를 죽여도 큰 죄가 되지 않았다. 노비는 인간이 아니라 주인의 재산에 불과했다. 15세기~17세기 조선 인구의 3분의 1이 노비였던 만큼 그들에게 인권 개념 따위는 전무했다.

　　또한 기생제도를 정비하여 기생의 딸은 반드시 기생이 되도록 했으며, 세종 8년과 9년에 걸쳐 16번이나 직접 처녀를 간택하여 명나라 황제에게 바쳐 성노예가 되도록 했다. 구미 근대국가의 인권 사상을 기준으로 한다면 세종은 성군이 아니라 암군(暗君)에 속한다. 우리 사학계에는 세종을 민주주의 원조인 양 추켜세우는 학자들이 있지만 이것은 학문적 허구이자 기만일 뿐이다.

　　정조는 주자학 외의 어떤 학문도 허용하지 않음으로써 조선의 정신세계를 황폐화시켰다. 1793년 명나라 3명의 황제(홍무제, 만력제, 숭정제)가 모셔진 '대보단'에서 제사를 지낸 후 "옷이 젖도록 눈물을 흘렸다."고 고백했다. 이러한 지성사대(至誠事大)의 예(禮)는 조선이 망할 때까지 지속되었다.

　　1793년이면 프랑스혁명 후 4년, 루이 16세 부부가 처형되고 근대국가가 탄생하던 때다. 대보단 제사는 청일전쟁에서 청이 일본에 패한 직후인 1894년이 되어서야 폐지되었지만 고종은 대보단 대신 '원구단(圓邱壇)'을 세웠다.

1840년대라면 청(淸)이 아편전쟁 후 구미 열강과 일본의 먹잇감으로 전락하던 시기였다. 1870년대 대동강, 강화도에 구미 함선들이 나타나 개항을 요구했을 때 결사적으로 저항했고 실권자였던 대원군(大院君)은 척화비(斥和碑)까지 세웠다.

"화친을 주장하는 것은 나라를 팔아먹는 것이며, 교역을 하면 나라가 망한다."

이런 글을 써서 발표하고 종로 네거리, 경기도 강화, 경상도 동해, 경주 등지에 척화비(斥和碑)를 세웠으나 1882년 임오군란 때 대원군이 청으로 납치되어가자 일본 공사의 요구로 철거되었다.

사대부들이 주자학 도그마에 빠져 있었다면 17세기 이래 농촌사회는 구석구석까지 충효를 최고의 미덕으로 삼고 삶의 방식을 상세히 규정해놓은 주자학의 가례(家禮)와 향례(鄕禮)가 전파되어 실행되고 있었다.

조선은 민간 출판사와 민간 서점도 없는 그야말로 지적, 문화적 암흑사회였다. 사림(士林)에서 존경받았던 퇴계 이황(1501~1570)은 민간에서의 출판과 서적 판매가 허용되어서는 안 된다고 했다. 퇴계는 367명의 노비를 남겨놓고 저세상으로 갔다.

일본의 경우 에도시대에 전국적으로 1,140개의 서점이 있었고,

19세기 초 에도에는 600여 개, 오사카에는 300여 개의 사설 도서관이 있었으며, 도쿠가와 막부시대 일본은 출판 대국이었다.

세종은 "책은 사고팔고 하는 것이 아니다."라고 했으며, 퇴계가 생존해 있던 시대, 유럽에서는 구텐베르크의 활판인쇄술 발명에 힘입어 서적 출판, 판매가 급속도로 증가하면서 지식 보급이 확산되고 있었다.

민족사관 역사학자들이 조선시대에 이미 근대화의 맹아(萌芽)가 싹트고 있었다고 주장하는 사실적 근거는 구한말 1894년 시행된 갑오개혁(甲午改革)일 수 있으나 이것은 청일전쟁 직후 조선 반도에서 주도권을 장악한 일본의 권고와 지원을 받았던 친일 내각에 의해 1894년~1896년 사이에 진행되다 19개월 만에 좌절로 끝난 개혁이다.

조선 왕조 설계자였던 정도전이 1394년 이성계에 바친 『조선경국전(朝鮮經國典)』에는 "수공업자, 상업 종사자들은 게으르고 놀기 좋아하는 자들"이므로 "이들로부터 세금을 징수하고 억제해야 한다."고 했다.

'농자천하지대본(農者天下之大本)'과 '사농공상(士農工商)'이라는 지극히 비자본주의적 관념에 사로잡혀 있던 조선왕조 경제는 수탈 경제 구조일 수밖에 없었고, 관조직과의 유착에 의존해서만 상행위가 보장되는, 독립적 상업권이 존재하지 않는 '유교 사회주의 국가' 형태였다고 이영훈 교수는 말했다.

이 교수는 계속해서 주자학을 공부해서 과거에 급제하여 입신양명하면 부귀영화가 보장되었던 왕조는 탐관오리 출현을 불가피하게 했다면서 일반 백성은 수탈의 대상으로, 양치기 국가에서 존재하는 사육의 대상처럼 다루어지는 존재라고 했다.

조선왕조 지배층이 후대에 남겨준 것은 근대화 맹아는커녕 자주성과 독립성을 스스로 포기해버린 '영혼의 타락'뿐이라 해도 과언이 아니다. 이러한 현상이 지금도 계속되고 있음을 이영훈 교수는 『호수는 어디』에서 한국 제1의 대학, 서울대학교 예를 들어 설명했다.

2014년, 박근혜 대통령 초청으로 서울을 국빈 방문했던 시진핑 중국 국가주석이 서울대 초청 강연에서 양국 간의 역사적 연결고리를 강조한 후 책 만권을 서울대 중앙도서관에 기증했고, 기증을 받은 서울대는 '시진핑기증도서실'을 별도로 마련하고 당시의 좌석 배치까지 재현해 놓았을 뿐 아니라 2018년 7월에는 '서울대 중앙도서관 시진핑 주석 방문 4주년 기념 강연회'를 열기까지 하는 열성을 보였다.

그런데 서울대에서는 한국 근대화의 진정한 영웅들인 이승만, 박정희, 전두환 대통령을 초청은커녕 비판과 비난을 일삼는 무리들이 끊이질 않고 있다.

언론과 표현의 자유가 헌법에 명시되어 있는 대한민국에서 적국의 김일성이 썼다는 책 『세기와 더불어』는 판매가 허용되고, 전두환 대통령의 『회고록』은 2022년 9월 광주고등법원 항소심 재판관 3명의 판결에 의해 판매 금지를 당했다. 3명의 재판관 모두가 전남 출신이자 서울대, 연대 출신들이라는 것은 많은 것을 생각게 하는 점이다.

2020년 문재인 대통령은 비서관 회의에서 한국과 중국을 "운명 공동체"라 했고 중국 방문 당시 시진핑 앞에서 "중국은 높은 봉우리"라고 하면서 허리를 굽혔고 "중국몽(中國夢)을 함께 하겠다."고 아양을 떨었다. 중국은 6.25 당시 북과 함께 남침을 도모했던 적국이자 지금도 북한의 배후세력으로서 잠재적 적국이다.

조선시대에 근대화의 맹아가 싹텄다는 것은 허구의 신화일 뿐이다. 조선이 남겨준 것 중 한글만이 고맙고 자랑스러울 뿐, 조선시대는 정신적 질병, 지적 황폐, 빈곤이 넘쳐났던 암흑의 시대였고, 조선왕조는 민족의 심성에 전근대적 악성종양을 심어놓고 망한 왕조다.

- **식민지 시대 (1910~1945)**

식민지 근대화란 일제 식민지 시대에 근대화가 이뤄졌다는 주장이다. 이것을 정확히 이해하려면 1910년 한일합방 당시로부터 1945년까지 일본 근대화 환경과 수준을 확인해 봐야만 한다.

아시아에서 가장 먼저 구미식 근대화 국가로 탈바꿈한 나라가 일본이라고 하지만, 구미 선진 근대국가 기준에 따르면 여전히 근대화 과정에 있는 국가였다. 따라서 일본 자신도 근대화가 마무리되지 않았던 상태에서 식민지 조선의 근대화란 논리적으로 성립되지 않는다. 그럼에도 불구하고 일본에 의해 조선반도에 근대화의 씨앗이 뿌려진 것만은 분명하다.

일본은 유신세력이 1868년 봉건체제였던 막부를 무너뜨렸고, 천황을 권력의 정점으로 하는 입헌군주 체제를 출범시킨 것이 1890년이다. 그들은 독일제국의 입헌군주체제를 모방했고, 군사적으로는 영국, 독일, 프랑스의 영향을 받았으며, 경제적으로는 미국, 영국, 네덜란드 등 구미 열강의 산업혁명의 영향을 받았다.

근대화에서 가장 중요시되는 인간의 존엄성보다 천황의 절대적 권위가 존중되었으며, 개인주의 사상을 바탕으로 하는 자유민주주의, 자유자본주의 사상은 억제되거나 경계의 대상이 되었고, 제국주의·군국주의 성향을 갖는 국가주의와 국민총동원 체제로 나아갔으며, 청일전쟁과 노일전쟁에서 승리하고 아시아의 강자로 등장했다.

1910년 한일합방 이후 만주사변을 일으켜 괴뢰정권을 세우고 중국 대륙을 침략했고 1941년 태평양전쟁을 일으켰으나 1945년 패망했다. 일본의 근대화는 1853년 미국 페리(Perry) 함대의 내항으로 촉발된 메이지 유신으로부터 시작되었으나 1945년 점령군사령관 맥아더 장군의 지도와 미국의 도움을 받아 마무리되고 G-7 반열에 올랐다.

일제 식민지 시대 일본의 조선반도 정책은 조선의 일본화, 조선인의 일본인화였다. 자주 독립권을 박탈당했던 조선인에게는 자주적 근대화는 불가능했다.

일본정부가 추진했던 '내선일체(內鮮一體)' 정책에 따라 도로, 철도, 항만이 건설되고 체신, 통신과 같은 사회적 인프라가 갖추어지며, 소학교, 중학교, 전문학교와 같은 근대식 교육제도가 시행되고, 근대식 행정제도, 근대식 법치제도가 시행되었으나 조선인은 단순 수혜자였을 뿐 근대화 주체는 될 수 없었다.

반면에 한글 사용이 금지되고 창씨개명이 강요되었으며 개인의 자유와 권리는 허용되지 않았다. 근대적 의미를 갖는 시설 구축이나 제도 시행은 식민통치를 위한 것이었을 뿐 조선의 근대화를 위한 것은 아니었다.

해방 직후, 우리 국민의 문맹률이 80%에 가까웠다는 것은 '식민지 근대화론'이 과장되었음을 단적으로 말해주는 증거다. 일제에 의한 식민지 지배 36년은 일본 자신의 근대화 발전은커녕 독일, 이탈리아와 같은 파시스트 국가들과 동맹을 맺고 침략전쟁에 몰입했던 군국주의 시대로서 근대화 이전으로 후퇴하던 시기였다.

이 당시 조선의 선각자들이 무장투쟁이 아니라 민족교육을 강조한 것은 먼 훗날 독립된 조국에 대비한 준비 단계였음을 의미한다. 도산 안창호가 교육을 강조하고 춘원 이광수가 민족개조론을 주장한 것은 조선의 근대화를 염두에 두고 말했을 것이다. 인간의 근대화가 선행되지 않으면 사회도, 국가도 근대화가 이뤄질 수 없기 때문이다.

식민지 근대화를 두고 논쟁하는 것은 그야말로 공론(空論)에 불과할 뿐 실질과는 아무런 상관이 없다.

- **기적의 시대 (1948~1988)**

한국의 자주적 근대화는 일제가 패망한 후 대한민국이 건국되고 나서부터 시작되었다고 해야 정직한 주장이 될 수 있다. 대한민국의 근대화는 이승만, 박정희, 전두환 시대를 거치면서 이뤄졌다.

이승만 시대 (1948~1960)

청년 이승만은 배재학당 시절부터 선교사로부터 영어를 배웠고,

서양문물에 대한 지식을 접했다. 군주제 폐지와 공화정을 주장한 것 때문에 투옥(1899. 1~1904. 8, 5년 7개월)되어 수감생활을 했고 수감 당시였던 1904년 6월, 가명으로 쓴 『독립정신』이란 글이 1910년 미국 LA에서 출판되었다.

이승만은 글에서 "서양의 선진문물을 배워 부국강병을 이룩하자."고 호소했다. 그는 석방 직후 미국으로 건너가 워싱턴대학 학사, 하버드대학 석사, 프린스턴대학 박사과정을 거치면서 수준 높은 지식인이 되어 근대인으로 새롭게 태어나 조국 독립을 위해 헌신했다.

그가 2차 세계대전 종전(終戰)과 더불어 귀국 후 건국 지도자가 되었다는 것은 대한민국으로서는 크나큰 행운이었다. 그는 대통령으로서 1948년 8월 15일, 구(舊)총독부 건물 앞 연단에서 국민과 국제사회를 향하여 자유 독립국가 '대한민국' 건국(建國)을 선포했다.

이인호 교수는 대한민국 건국이 혁명적 의미를 지닌다고 했다. 이 땅의 좌파들이 국토도 국민도 없는 상태, 중국에서 피난살이에 급급했던 나머지 국내에서 레지스탕스 투쟁 한 번 해보지 못한 임정(臨政)에 정통성이 있다고 주장하면서 대한민국의 정통성을 부정하며 '건국'이 아니라 '정부수립'이라고 하지만 이것이야말로 자기부정이며 역사 비틀기다.

2차 세계대전 당시 프랑스 드골 장군은 런던에 망명정부를 세우고 프랑스 내의 대(對)나치스 레지스탕스를 지원한 결과 전후 전승국 대열에 참여할 수 있도록 한 국민적 영웅이었으나 귀국 후 자신의 망명정부가 정통성 있는 정부라고 주장하지 않았다. 임정 요인들의 애국 충정과 그들이 감내해야만 했던 고난의 세월을 부정해서는 안 되지만, 임정이 정통성을 갖는다고 주장하는 것은 온당치 못할 뿐 아니라 조선시대 소중화론자(小中華論者)들의 명분주의, 허위의식 행태에 지나지 않는다.

이승만의 건국은 결코 쉽지 않았음을 상기할 필요가 있다. 어렵고 힘든 과정을 거쳐야만 했던 것이 건국 당시의 상황이었다. 건국 자체도 힘겨웠지만 자유민주공화국을 유지하는 것 자체가 힘든 상황이었음을 인정해야만 한다.

6.25 전쟁으로 국가가 존망의 위기에 처했을 때 통치력과 지도력을 발휘한다는 것이 지난(至難)했음에도 그는 국가를 지켜내는 데 성공한 지도자였다.

독재와 부정부패 정부라는 오명을 뒤집어씌우고 몰아낸 후 지금까지 그를 인정하지 않으려는 무리들이 곳곳에 있지만 어떤 경우에도 무시할 수 없는 자취를 남겨 뒤따르는 정권이 근대화를 이룰 수 있게 한 기초를 닦아냈다는 사실을 부정할 수 없다.

그는 헌법을 제정하고 입헌정부를 세우는 데 주도적 역할을 했을 뿐 아니라 '농지개혁'을 단행하여 지주 중심 농업경제를 해체하고 상공업을 장려함으로써 자본주의 경제 토대를 만들어냈으며, 교육혁명을 통한 문맹 퇴치로 자본주의 사회가 필요로 하는 시민을 길러냄으로써 단기간 내 산업역군이 되도록 하는 기반을 조성했고, 6.25 전쟁 기간 미국 지도자들을 설득하여 '한미동맹'을 성사시킴으로써 국가안보 태세를 굳건히 다졌다.

이승만(李承晩) 개인은 서구화된 근대인이었으나 국민도 사회도 국가도 전(前)근대적 상태에 있었던 그의 재임기간은 정치·사회적 혼란시대였고 물질적으로는 빈곤의 시대였다. 오늘날의 정당정치에서도 관용과 타협이 없고 절차를 쉽게 무시하는 정치풍토가 지속되고 있는데, 하물며 60여 년 전인 1950년대 상황은 상상하기 어려울 만큼 열악했음을 상기하고도 남음이 있다.

　이승만 박사가 아니었다면 대한민국 건국은 쉽지 않았을 터이고, 이승만 대통령이 아니었다면 농지개혁, 문맹퇴치, 한미동맹은 불가능했을 가능성이 높다.

　정치 지도자로서 비판 받는 그의 '과(過)'는 한때의 것으로 과거사가 되었지만, 그가 심은 근대화 씨앗들은 박정희, 전두환 시대를 거치면서 꽃을 피우고 열매를 맺었다. 한국의 근대화가 이승만 시대에 시작되었다는 것은 역사적 사실이자 진실이다.

박정희 시대 (1961~1979)

　박정희 대통령이 살아왔던 시대는 일제 식민지 시대, 가난의 시대, 건국과 전쟁의 시대였다. 그는 식민지 시대 사범학교, 일본육사라는 당시로서는 최고 엘리트 교육을 받았던 지성인이었으며 의지가 남달랐던 군인으로서 쿠데타로 집권하여 혁명가의 삶을 살고 간 거인이다.

　그는 국가 최고지도자로서 조국 근대화, 민족중흥이라는 깃발을 높이 들고 "잘 살아보자!"고 외쳤다. 그것은 민족의 염원이자 국민의 간절한 소망이기도 했다. 집권 18년 동안 강력한 중앙집권체제를 구축하고 국력을 결집하여 위로부터 아래로의 근대화를 추진했다.

　무(無)에서 유(有)를 창조해내기 위한 불가피한 선택이었고 최선의 방책이었다. 그는 국민으로 하여금 숙명적 가난에서 벗어나게 했고, 산업화를 위한 중화학 공업을 일으키고 과학기술 발전을 독려하면서 국방산업 토대를 마련했으며, 자주국방 태세를 강화하고 헐벗은 강산을 푸른 강산으로 바꿔놓고 갔다. 우리는 이것을 「한강의 기적」이라고 하면서 국제사회에 자랑하고 있다.

　그런데 무엇보다도 긴 역사적 맥락에서 볼 때 그가 이룩한 가장 의미 있는 성취는 유사 이래 최초로 '근대인'을 탄생시킨 점이다
　'새마을운동'을 통하여 의식혁명을 일으켜서 잠들어있던 국민을 일깨워 경제발전을 이룩함으로써 국민들로 하여금 자신들이 피와 땀으로 이뤄낸 기적을 보고 놀라워하면서도 "우리도 할 수 있다."는 자신감을 갖게 했고 개인으로 하여금 "나도 할 수 있다."는 자긍심을 갖게 했다.
　새마을운동은 개인적 의식 변화뿐만 아니라 자조(自助), 자립(自立), 협동(協同)이라는 공동체 정신을 갖게 함으로써 1980년대 시민사회 형성에 크나큰 영향을 줬다.
　"나도 할 수 있다."고 하는 것은 자립한 인간이 되었다는 것을 의미한다. 자립하는 인간이란 '근대인'이다. 유럽 근대국가에서 근대인이 출현하기까지는 400여 년이 걸렸지만, 박정희 대통령은 18년 만에 국민을 일깨워 자조·자립하는 근대인이 되게 했다. 개인의 의지에 따라 선택하고 행동하며 개인이 노동을 제공한 만큼 보상을 받고 개인의 재산이 법의 보호를 받아야 한다는 신념을 갖는 개인이 '근대인'

이라는 보편적 기준을 충족하는 개인으로 거듭나게 했다.

박정희 시대는 경제에서 기적을 만들어내고 국민을 근대인으로 변모시켰으나 근대사회, 근대국가로 나아가는 데는 어쩔 수 없는 한계가 있었다. 몰랐거나 소홀히 했기 때문이 아니라 18년 만에 모든 것을 해낼 수 없는 시간의 문제였다.

위로부터 아래로 향한 국가주도 산업화, 내부지향적 국가, 폐쇄적 사회, 국가통제 현상을 피할 수 없었던 것이 박정희 시대의 한계였다. 그는 사회의 근대화, 국가의 근대화를 미완으로 남기고 생을 마감했다.

전두환 시대 (1980~1988)

전두환 대통령을 지도자로 한 5공은 국가적 운명의 성격이 짙은 정권이다. 전두환 대통령은 박정희 대통령이 길러낸 지도자라는 점에서 운명적이고, 10.26 사태로 인해 생겨난 국가적 위기가 5공을 탄생시켰다는 점에서도 운명적이다.

박정희 대통령이 일제 식민시대 출신 지도자였던 데 비해 전두환 대통령은 건국 후 미 육군사관학교인 웨스트포인트(West Point)를 100% 본 딴 4년제 육군사관학교 첫 번째 졸업생이다. 이것은 미국식 교육과 훈련을 받았다는 것을 의미한다.

그러나 그 역시 전쟁시대, 가난의 시대를 살아온 지도자였다. 그는 그 시대 국가 과업과 국민의 소망과 염원을 투철하게 인식하고 있었던 사명감 넘친 지도자였다.

　전두환 대통령은 10.26으로 인한 국가 위기를 잠재우고 강력한 지도력 발휘로 국정을 주도했다. 1948년 이후 지속되어 온 정치·사회적 혼란과 긴장, 10.26으로 인한 국가위기는 폭발하는 민주화 요구를 짧은 기간 안에 수용할 수 없게 했으나 전두환 대통령과 5공 주역들은 자유민주주의를 거부하거나 포기하지 않았기에, 역사의 흐름, 시대의 흐름을 깊이 인식하고 있었기에 반정부 인사들에 대한 일시적 자유 제한이라는 정치적 대가를 치르면서 안보 태세를 굳건히 다지고 물적 토대를 이룬 가운데 건국 이래 최초로 평화적 정권 교체를 실현함으로써 민주 발전에 필요한 디딤돌을 놓는 이정표를 세웠다.

　이승만 시대가 근대화의 시작이었다면 박정희 시대는 근대인 탄생의 시대였고 전두환 시대는 근대사회, 근대국가 출현의 시대였다.

　5공 정부가 추진했던 국정의 기본 방향은 개방사회, 개방국가, 민간주도 경제였다. 이러한 국정기조는 지난 시대와 앞으로의 시대를 구분 짓는 중대한 계기였으며 모든 국가 정책에 직·간접으로 영향을 미쳤다.
　개방정책을 구체적으로 뒷받침한 조치가 통금 해제, 해외여행 자유화, 연좌제 폐지였다. 이들 셋은 긴 세월에 걸쳐 국민의 정신을 피폐시키고 삶을 옥죄는 사슬로 작용했으며 폐쇄적 사회, 폐쇄적 국가의 틀을 벗어나지 못하게 한 전근대적 장벽이었다. 이 세 가지에 대한 조치는 당시로는 급진적이었다. 그럼에도 사회의 근대화, 국가의 근대화를 가능케 하는 직접적 촉매로 작용한 결정적 조치였다.

'통행금지'는 계엄국가를 상징할 뿐 아니라 국민경제 활동 시간을 절반으로 줄이는 지극히 자해적이고 국민의식과 사고를 옭아매는 암적 요소였으며, '해외여행 통제'는 전체주의 국가에서나 가능한 전근대적인 제도일 뿐 아니라 수출국가, 교역국가로서 발전을 가로막는 어리석고 무지한 요소였다.

또한 '연좌제'는 문명국가에서는 허용될 수 없는 야만적 제도로서 연좌제 적용을 받는 국민을 소외시키고 그들로 하여금 국가와 정부에 대해 반감과 적대감을 갖게 만든 독소와 같은 요소였다.

5공을 반대하는 인사들과 세력들이 주장했던 것처럼 전두환 정권이 장기 집권을 획책하고 자유를 억압하고자 했다면 결코 그러한 조치는 하지 않았을 것이며 오히려 더 강화했을 것이다.

통금해제, 해외여행 자유화, 연좌제 폐지로 개방사회, 개방국가 정책이 탄력을 받으면서 현실화되어 갔고, 사회는 다원화되고 국가는 해양국가로서 국제무대에서 경쟁하는 교역국가로 변모하고 발전해갔을 뿐만 아니라 북한을 비롯한 중공과 소련에 대해서도 지난날의 강박관념에서 벗어나 적극적이고도 전향적인 정책 추진을 가능케 한 '북방정책'의 기반이 갖추어지도록 했다.

박정희 시대 소원했던 미국과는 군사동맹 차원을 넘어 가치동맹, 경제동맹으로 심화시켜 외적 취약성을 제거했고 일본과는 전례 없는 협력관계 구축으로 동북아에서 명실상부한 자유세계의 보루가 되었다.

전두환 정권이 이룩한 최대 성공은 박정희 대통령이 기반을 다

져놓은 중화학공업을 중심으로 한 산업화 달성에 있다. 5공 정부가 택했던 민간주도 경제 정책은 현대사에서 획기적 의미를 지닌다.

헌법상 자유시장경제 원칙을 명시하고 있음에도 현실에서는 건국 이래 관치시장 경제 정책이 지속되고 있었다. 건국 직후 원조경제는 정부가 자원과 자본을 관리할 수밖에 없었고 박정희 시대는 정부 주도 개발경제 시대였으므로 정부와 관료들의 영향이 주도적일 수밖에 없었다. 제한된 자원, 자본, 기술이라는 현실적 제약 여건으로 인한 불가피한 정책이었으나 국제환경 변화와 국내 경제발전 환경의 변화는 더 이상 정부와 관료 주도에만 의존할 수 없게 했다.

자기 속박적인 환경을 해소하고 개인과 기업이 자발적이고 창의적이며 모험적으로 경제활동을 할 수 있도록 정부 간섭과 규제를 최소한으로 줄이면서 민간이 주체가 되는 '민간주도 경제' 정책을 적극적으로 추진함으로써 개인과 기업의 자율성과 창의성이 극대화될 수 있었다. 이 과정에서 "우리도 할 수 있다," "나도 할 수 있다."는 박정희 시대가 물려준 국민적 자신감이 분출했다.

이상과 같은 정책과 환경 조성으로 중화학공업 구조조정에 성공하여 산업화 기반을 다질 수 있었고 자본, 기술, 판로 개척 지원을 전제로 한 중소기업 육성정책과 연계되면서 민족사 이래 최초로 '자립경제(自立經濟)'를 달성했다. 이것은 경제적인 면에서 박정희 대통령이 시작한 '한강의 기적'이 완성되었음을 뜻한다.

이와 같은 자립경제 달성은 근대화 측면에서 정치, 경제, 사회적으로 중대한 의미를 지닌다. 근대 자본주의 사회의 기본 요건으로 꼽히는 물적 기반이 갖추어짐으로써 중산층, 소위 말하는 부르주아 계층이 생겨나 비로소 '시민사회'가 출현하게 되고 사회의 근대화가 이뤄졌다.

　국민의 숙원이던 평화적 정권이양 약속을 실천함으로써 정상적 민주발전, 정치발전을 가능케 하여 근대화된 개인, 중산층이 주축이 된 시민사회, 근대사회를 바탕으로 하는 국가의 근대화를 이룰 수 있게 했다.
　대한민국은 1988년, '88서울올림픽'을 성공리에 치르기까지 40년에 걸쳐 인간의 근대화, 사회의 근대화, 국가의 근대화에 성공했다고 자부할 수 있게 되었으나 엄밀한 의미에서 말하자면 경제적 측면에서 근대화에 성공했을 뿐 정당정치, 법치, 사회적으로는 여전히 전근대성을 탈피하지 못하고 있으므로 절반의 근대화, 절반의 한강 기적만을 달성했다고 말할 수 있다.

미완의 시대 (1992 이후)

　민주화 시대를 상징했던 김영삼은 정치발전, 법치 확립으로 미완의 근대화를 마무리해야 하는 역사적 사명을 띠고 대통령이 되었다.
　그러나 민주주의 이름으로 민주주의에 먹칠을 했고, 법의 이름으로 법치를 유린했을 뿐만 아니라 박정희·전두환 시대가 물려준 부(富)를 까먹고 외환위기를 초래하여 수많은 자영업자, 중소(中小)기업인들로 하여금 눈물을 흘리게 하고 대기업이 고통을 겪게 했으며 국민을 갈가리 분열시키고 떠났다.
　김영삼 정권 이후 시간이 경과할수록 정치와 법치는 퇴보하고 타락해왔으며 시민사회 역시 분열을 거듭하면서 타락하고 있는 것이 현실이다. 국가는 낭비국가, 약탈국가로 변해가고 정당정치는 조폭 수준에도 미치지 못하는 야만적 수준으로 추락하고 사회는 거짓과 위선이 넘쳐나 문명사회이기를 포기한 것처럼 변해가고 있다.

이와 같은 전근대적 현상에서 벗어나고 나머지 절반의 한강 기적을 마무리해야 하는 것이 시대적 요청이다. 누가 해낼 것인가? 현재 무대를 장악하고 있는 무리들이 해낼 수 있을까? 어려울 것이다!

절반의 한강 기적을 만들어낸 세대인 '기적의 세대,' 60세 이상 되는 '실버(sliver) 세대'가 투표장에서 우리의 앞길을 가로막고 우리의 세금을 흥청망청 낭비하고 있는 무리들을 응징하면서 새로운 세대가 미완의 근대화, 미완의 기적, 정치 근대화, 법치 근대화를 의미하는 제2의 한강 기적을 완성토록 해야 할 역사적 사명을 지니고 있다.

나는 이것을 '실버 혁명(silver revolution)'으로 규정한다.

맺음말

성취는 어렵고 추락은 쉽다.
    70여 년에 걸쳐 이룬 성취가 하룻밤 사이에 물거품이 될 수 있는 것이 인간사다.

제4장

한국사회의 근원적 모순

머리말

우리는 근대화에 성공한 국가의 국민으로 살아가고 있다고 자부하고 있지만, 이것은 착각이다. 근대화는 여전히 미완이기 때문이다.

정치와 법치가 전근대성(前近代性)을 벗어나지 못하고 국민은 물신주의(物神主義)에 집착하며 시민사회는 타락해가고 있는 현실이 그 증거다.

인간이란 불완전한 존재다. 불완전한 인간이 공동체를 이루며 살아가는 곳이 사회이며 국가다. 따라서 어떤 사회나 국가도 불완전한 존재일 수밖에 없다.

다만 불완전한 요소, 모순되는 요소를 줄여가면서 완전을 향하여 나아가려는 속성을 지닌 것이 사회이며 국가다.

불완전한 요소, 모순되는 요소는 사회와 국가에 따라 그 내용과 정도가 다르다. 우리 사회와 국가가 안고 있는 불완전한 요소, 모순되는 요소는 높고 두터운 장벽과 같아서 우리 앞을 가로막고 있다.

나는 이것을 모순 중의 모순, 즉 근원적 모순으로 인식하고 있다.

그러나 불행하게도 우리는 근원적 모순에 대해 무감각하고 무지하다. 근원적 모순을 알지 못하면 극복할 수 없고, 극복하지 못하면 앞으로 나아갈 수 없다. 미완의 근대화를 마무리하고 한강의 기적을 완성하려면 근원적 모순을 이해하고 극복하려는 노력을 아끼지 말아야 한다.

근원적 모순이란?

모순(矛盾)이란 창(槍)과 방패(防牌)의 관계, 즉 상호 대립되는 상극(相 剋) 관계를 뜻한다. 모순(矛盾)현상을 알고 해소하면 전진할 수 있고 발전할 수 있지만, 모르면 어떠한 일도 이뤄낼 수 없다. 이런 이치는 국가, 사회와 개인의 삶에 똑같이 적용된다.

국가, 사회가 내포하고 있는 모순은 수없이 많지만, 이들 모순 가운데 가장 중요한 모순, 문제의 본질과 관계되는 모순이 '근원적 모순'이다.
국가, 사회의 발전을 가로막을 뿐 아니라 침체와 퇴보를 초래하고 파국을 가져다주는 결정적 모순이 근원적 모순이다. 국가 사회의 경우 근원적 모순을 방치하여 극에 달하면 대변혁을 피할 수 없게 된다.

근원적 모순을 정확히 안다는 것은 말처럼 쉬운 일이 아니다. 사람마다 견해가 다르기 때문이다. 근원적 모순을 정확히 알아내는 것은 명의가 환자의 병을 정확하게 진단해내는 것과 같다.//
근원적 모순 극복을 위한 첫 번째 과제는 정확한 진단이다. 시민으로 살면서 시민 사회 모순을 알지 못하고 국민으로 살면서 국가가 안고 있는 모순을 알지 못하면 암흑사회, 암흑국가에서 살아가는 것과 다르지 않다.

주권자인 시민으로서, 국민으로서 시민사회와 국가가 내포하고 있는 가장 중요한 모순, 즉 근원적 모순을 이해하는 것은 당연한 책무라고 할 수 있다. 모순에 대한 진단을 잘못하게 되면 모순 현상을 더 심화시킬 뿐 아니라 우리의 경우 그동안 피땀 흘려 이뤄놓은 경제적 성취마저 상실할 수도 있다.

모순 극복과 관련된 고전적 사례는 중국 공산주의 혁명(1921~1949) 과정에서 있었던 마오쩌둥(毛澤東)의 경우다.

마오는 비록 후난성 사범학교 출신으로 베이징대학교 도서관에서 사서 보조로 잠시 일한 경력밖에 없는 인물이었지만 훌륭한 선생들과 인물들의 영향을 직접적으로 받았고 역사서를 비롯한 독서광으로서 일찍부터 혁명 운동에 참여했다.

사범학교 시절 은사(恩師)이자 훗날 첫째 부인의 아버지가 되는 양창지(楊昌濟, 1871~1920)는 일본, 독일, 영국에서 공부한 뒤 후난성 사범학교 지도교수가 된 인격자로서 칸트의 관념론, 윤리학을 소개했고 마오를 일찍부터 주목했던 인물이며, 양창지의 소개로 베이징대학교 도서관 사서 보조가 되어 도서관장 리다자오(李大釗)를 만나 의기투합했다.

리다자오는 중국 최초로 맑시즘, 레니니즘을 연구한 인물이며 베이징대 총장 천두슈(陳獨秀)와 함께 공산당 창당 주역으로 활동했다.

독서광이었던 마오는 송나라 사마광이 쓴 『자치통감(資治通鑑)』

을 열독했고 평생 동안 머리맡에 두고 읽었다. 『자치통감』은 사마천의 『사기(史記)』와 쌍벽을 이룰 만큼 유명한 역사서로 마오에게 깊은 영향을 줬다. 특히 변화무쌍한 세상에서 역사가 얼마나 중요한 의미를 갖는가에 대한 사마광의 견해에 매료당했다.

"세계는 끊임없이 변화하는 대상이며 역사는 단절 없는 연속체이고 과거는 현재를 지배하는 열쇠를 제공한다."

마오는 베이징에서 천두슈가 편집한 『신청년(新青年)』의 영향을 받아 확고한 반(反)자본주의자, 반(反)제국주의자가 되었고 공산주의자로 변신했다.

마오가 혁명전략 결정을 위해 쓴 『모순론』은 1960년대 유럽, 특히 프랑스 신좌파(New Left)들에게까지 직접적인 영향을 미쳤다. 1921년 중국공산당 창당 당시 말석에 앉아야 할 정도의 존재였던 그가 장정(長征, 1935~1936, 10,000km, 86,000여 명) 초기에 공산당 지도자가 되어 혁명을 성공적으로 이끌어갈 수 있었던 배경에는 혁명 투쟁을 위한 사상과 이론 제공 면에서 타의 추종을 불허했기 때문인데, 그 중 가장 중요했던 것 중의 하나가 그의 『모순론』이다.

마오쩌둥이 중국 사회가 안고 있는 모순들을 실증적 입장에서 구체적으로 나열하면서 결정적 방책을 제시한 것이 받아들여지면서 당의 지도자가 될 수 있었다.

그는 『모순론』에서 중국의 공산주의 혁명은 노동자, 프롤레타리아를 주력군으로 하는 소련식 혁명이 아니라 농민을 주력군으로 하는

'중국식(中國式)' 혁명을 해야 한다고 주장했다.

이것은 레닌의 러시아혁명 노선과는 정반대되는 노선이다. 당시 중국 인구는 약 5억, 산업기반은 미약했고 인구의 98%가 무지한 농민이었다. 광대한 국토를 배경으로 하는 중국혁명이 28년(1921-1949)이라는 인류 역사상 가장 길고 치열했던 혁명 투쟁에서 최후의 승리를 쟁취할 수 있었던 것은 사상과 이론, 불굴의 의지와 투지, 확실한 목표가 있었기 때문이다.

한 나라가 안고 있는 근원적 모순은 필연적으로 혁명적 변화의 기폭제로 작용해왔다. 프랑스혁명, 미국혁명, 러시아혁명, 중국혁명 모두가 절대적 봉건왕조, 식민지 지배체제가 지니고 있었던 모순에서 비롯되었다.

박정희 장군의 5.16 군사혁명 역시 자유당·민주당 정권으로 인해 생겨났던 국가·사회적 모순에 기인했다.

근원적 모순 극복이란 혁명적 변화를 의미하는 것으로 부분적인 변화, 정책적인 변화가 아니라 구조적이고 제도적인 변화를 의미한다. 이것은 국민적 의지가 하나로 응집되었을 때만 가능하다.

오늘날 한국 사회가 직면하고 있는 모순들은 건국 이래 70여 년 이상 누적되어 온 것들로써 이중 대표적인 것들은 다음과 같다.

① 사상과 이론의 빈곤
② 정치의 전근대성

- 대통령 통치와 여야 싸움뿐 정치는 없다. 비민주적
  정당정치, 정치보복
③ 법치의 전근대성
  - 정치검찰과 정치판사, 정치의 사법화, 사법의 정치화
④ 시민사회의 타락
  - 시민의 덕목이 쓸모없게 되어간다.

이들 중 가장 중요한 근원적 모순이 '사상과 이론의 빈곤' 현상이다.

사상의 빈곤

- **빈곤 현상**

"빵이 빈곤하면 인간이 굶어죽을 수도 있지만, 사상이 빈곤하면 국가가 망할 수도 있다."

이 표현은 필자 개인의 견해다. 우리의 경우 '빵의 빈곤'에 대해서는 체험적으로 잘 알고 있지만, '사상의 빈곤'에 대해서는 무심한 편이다. 2016년 필자 자신이 『사상의 빈곤』이라는 책을 출간한 바 있지만, 이 책이 아마도 우리 사회에서 '사상의 빈곤'을 처음으로 언급한 경우가 아닐까 싶다.

우리의 삶에서 빵 만큼이나 중요한 것이 국가 체제를 떠받치고 있는 사상이다. 사상(thought)이란 가치관을 말하는 것으로 개인적 차원에서는 행동의 기준이 되고, 국가적 차원에서는 국가 운영의 원리가 된다.

좋은 사상은 맛 좋은 빵을 많이 제공해주지만 나쁜 사상은 맛 없는 빵조차 제대로 제공해주지 못할 뿐 아니라 국가를 망치는 원인으로 작용한다.

한국사회에서 사상에 관한 한 일반 대중은 무심하고 사상사를 전공한 소수를 제외한 대다수 지식인들은 사상적 빈사(瀕死) 상태에 놓여 있다.

학교에서 제대로 가르치지 않았을 뿐만 아니라 개인적으로는 알려고 노력하지 않았기 때문에 사회 전체가 사상 빈곤 현상을 겪고 있다. 우리는 일상의 삶에서 사상 빈곤 현상을 아무 것도 아닌 듯이 무심하게 지나치면서 살아가고 있다.

사상의 빈곤을 보여주는 한 가지 예를 들어보자.

"동서냉전 종식으로 이념의 시대는 끝났다. 지금은 이념이라는 것이 없는 시대다. 새로운 당명에서 이념 요소를 없애기로 했다."

20대 총선에서 참패한 새누리당이 당명을 '국민의힘'으로 바꿀 때 있었던 일이다. 당시 당내 소장파들을 중심으로 한 인사들이 참패 원인을 당이 지나치게 '극우'로 갔기 때문이라고 했을 때 김종인 비상대책위원장이 당명을 이념적 색깔이 없는 '국민의힘'으로 결정하기로 했다면서 한 설명이다.

선거 당시 '새누리당'은 정상적 우파정당 기준에도 미치지 못한 애매한 정체성을 지닌 얼치기 정당이었다. '자유 시장경제'라는 단어조차 말하지 않았고, 김 비대위원장은 이 단어 자체를 사용하지 말라고 주문했다.

이들이 결정한 새로운 당명인 '국민의힘'은 사상적으로 무색 정당, 가치관이 없는 정당임을 뜻한다. 사상이 없는 정당, 가치관이 없는 정당은 정당이 아니다.

　현대국가에서 사상이 없는 정당은 존재하지 않는다. 국민의 신뢰와 사랑을 받지 못하면서 '국민의힘'이라고 하는 것은 국민을 욕되게 하는 것일 뿐만 아니라, 사상을, 가치관을 무시함으로써 좌·우를 마음껏 드나들 수 있다는 나그네 정당, 기회주의적 정당임을 자처한 것과 다르지 않다.

　사상의 빈곤에 대한 다른 예를 들어보자.

　"동서냉전이 끝난 지가 언제인데 아직도 색깔 시비인가?"

　국민의힘 소속 태영호 의원이 더불어민주당 소속 이인영 의원의 통일부장관 인사청문회에서 "본인이 알기로는 이 의원이 한때 주사파였다고 하는데 지금은 입장을 바꾼 것인지?"라고 질의했을 때 보인 여당인 더불어민주당 소속 의원들의 반응이다. 태영호 의원이 소속된 국민의힘은 남의 일인 것처럼 방관했다. 국민의힘은 색맹처럼 반응했고 더불어민주당은 색깔론으로 대응했다.

　사상의 빈곤에 대한 세 번째 예를 살펴보자.

　"강대국 사이의 약소국은 딜레마 상황에서 어느 편을 들어도 안 된다. 좌파 정부가 중국 편을 들고 우파 정부가 미국 편을 드는 것도 위험하다. 안보나 이념의 관점에서, 일방적 외교는 다른 한쪽의 공격을 불러일으키기 쉽다."

"미·중 기술패권 경쟁의 심화, 안보나 이념 넘어선 외교 전략 필요."

2022년 10월 5일자 중앙일보 「염재호 칼럼」에 포함된 내용이다. 사상 빈곤의 백화점을 접하는 느낌을 금할 수 없는, 비현실적이고 국가를 파국으로 몰고 갈 수 있는 위험한 발상이다.

그의 주장은 국익을 위해 "안보나 이념을 초월한다," "미국 편을 들지 말라."는 주문이다. 미국 편을 들지 말라는 주장을 합리화하기 위해 중국 편을 들어서도 안 된다고 했겠지만 이것은 기만적 논리다.

대한민국은 건국 당시부터 미국 편에 서왔고 지금은 북한의 배후세력이자 잠재적 적대세력인 중국의 패권(triumphalism) 정책에 직접적 위협을 받고 있는 국가임을 몰라서 하는 주장일까?

2001년 이래 중국 런민(人民)대학 객원교수로 있는 그의 친중 입장을 드러낸 주장일 가능성을 배제하기 어렵다. 2차 세계대전 이래 국제 환경은 집단안보 시대이고 일국안보는 불가능한 시대다.

우리는 동서냉전과 6.25 전쟁을 통하여 충분히 경험했고, 지금 우크라이나 사태에서 다시 한 번 목격하고 있다. 동맹이 없으면, 나의 편이 없으면 쉽게 강자의 노리갯감이 되거나 먹이로 전락하는 것이 국제 환경이다.

우리가 어떤 경우에도 경제이익을 위해 안보를 양보하거나 희생할 수 없는 엄중한 환경 속에서 살아가고 있는 국민임을 인식한다면 그와 같은 기만적이고 선동적인 주장을 하기 어렵다. 설사 그의 주장이 현실이 되지 않는다 하더라도 젊은이들로 하여금 위험한 착각을 하게 만들고 대중을 호도할 수 있는 마약으로 작용할 수 있다.

그는 같은 논리를 일관되게 주장해오면서 사회적으로 영향을 주고 있다. 행정학·정치학을 전공한 학자로서 고려대학교 총장을 역임했으며, KBS, SBS, 동아일보, 한국일보 등을 통하여 활발한 활동을 했고 지금은 고려대 명예교수, SK 이사회 의장직에 있으면서 중앙일보에 「염재호 칼럼」을 쓰고 있다.

사상의 빈곤에 대한 네 번째 예를 들어보자.

"중도 보수."와 "개혁 보수."

한국사회의 정치인, 언론인, 교수, 일반 지식인들이 항상 사용하는 단어들이지만 이것만큼 잘못된 표현도 없다. 보수란 사상 용어가 아니라 노선 용어이고 중도와 개혁은 사상과는 아무 상관없는 형용사적 정치 수사(修辭)에 불과하다. 우리의 현실에서 고착화되어버린 이들 표현에서 사상적 색깔을 알아낸다는 것은 불가능하다. 색깔 시비를 피하거나 상대를 혼란시키려는 기만적 표현이다.

사상의 빈곤을 보여주는 다섯 번째 예는 "보수 원로"라는 말이다.

언론이 최근 고인이 된 김동길 박사를 두고 표현한 단어다. 김동길 박사는 한국사회의 대표적 자유주의 신봉자였던 우익 인사였고 자유주의 투사였다.

'보수 원로'라고 해버리면 '고답적이고 평범한 노인'이라는 인상을 주게 되지만, '자유 투사,' '우익 원로'라고 하면 그분의 사상 성향을 분명하게 인식할 수 있다. 사회주의 진영에도 보수와 진보가 있고 자유주의 진영에도 보수와 진보가 있기 때문이다.

사상이 빈곤한 사회일수록 많은 사상가가 필요하지만, 우리의 경우는 반대 현상을 보이고 있다. '사상가'라는 측면에서도 빈곤 현상을 면치 못하고 있다. 나라를 걱정하는 평론가들과 기회를 노리는 선동가들은 많지만 사상가는 드물다.

국제사회의 흐름과 시대 상황과 당면 현실에 대한 통찰을 통하여 미래를 향해 나아갈 수 있는 선견지명(vision)과 방책을 제시할 수 있어야만 사상가라 할 수 있다. 사상가는 지식과 지혜를 지닌 자이고, 사색을 멈추지 않는 자이며, 맑은 정신의 소유자로서 개인의 이익과 행복은 물론 전체의 이익과 행복을 중요하게 생각하는 자다.

- **이념의 시대는 영원하다**

국가가 존재하는 한 사상은 존재한다. 인류 사회에서 국가 소멸이 불가능한 이상 사상의 소멸도 불가능하다.

"동서냉전(The Cold War, 1945~1991)이 끝났으므로 이념의 시대도 끝났다."

이렇게 주장하는 것은 새빨간 거짓말이다. '동서냉전'이란 2차 세계대전 후 미국을 중심으로 하는 자유진영과 소련을 중심으로 하는 공산진영 간에 벌어진 사상 대결, 이념 대결을 말한다.

'동서냉전 종식'이란 공산 진영의 패배와 자유 진영의 승리, 즉 공산주의에 대한 자유주의 승리로 끝난 것을 의미한다. 따라서 냉전이 종식되었다고 해서 이념의 시대가 끝난 것이 아니라 국제사회에서 인류 보편의 가치와 법의 지배를 중요시하는 자유주의(liberalism)가 대세를 이루고 있음을 누구도 부인하지 못하게 되었다는 뜻이다.

비록 공산주의 진영이 패배했으나 맑시즘은 사라지지 않았고 중국에서는 변형 맑시즘 체제가 건재하고 있으며 구미 맑시스트들은 안토니오 그람시 사상과 이론을 따르는 신좌파(New Left)로 전환하여 자본주의 사회 문화를 프롤레타리아 문화로 대체하려는 문화혁명을 진행 중이며, 남한 내의 친북좌파, 반자본주의 좌파들 역시 신좌파 노선을 따르고 있음을 곳곳에서 확인할 수 있다.

한반도는 사상적으로 분단되어 있는 상태에서 북한은 극좌체제이고 우익체제인 남한에서는 자유주의 체제 신봉자인 우익(우파) 세력과 북의 대남적화통일노선을 따르는 친북좌익(좌파) 세력 간에 심각한 사상 투쟁이 벌어지고 있다.

"이념의 시대는 지나갔다."
"아직도 색깔 시비냐?"

한국사회에서 이렇게 떠드는 자들은 상대방을 수세로 몰아넣으면서 대중을 기만하려는 사상적 얼간이들이지만 사상적 사기꾼들이다.

좌파들은 위와 같은 논리로 자신들의 사상적 색깔을 감추면서 상대방인 우파를 향하여 '반공수구보수꼴통'으로 몰아가는 수법을 고수하고 있다.

이들에 비해 우파로 자처하는 정치인, 언론인, 지식인들은 좌파의 색깔 공세에 움츠려들면서 대중의 눈치를 살피는 비겁한 행태를 보이고 있다.

오늘날 국제사회는 자유주의 세력과 맑시즘이 제시한 유토피아(만인평등 세상) 실현을 위한 안토니오 그람시 사상과 이론을 따르는 신좌파(New Left) 세력 간의 대결이라는 새로운 형태의 냉전이 진행 중이며 남한사회가 완벽한 현장이 되어 있다.

이 땅의 친북좌파들은 김대중, 노무현, 문재인 정권 15년을 거치면서 정치·사회 주도권 장악에 성공했고, 지금은 정부, 국회, 법원, 검찰, 교육계, 노동계, 언론계, 문화예술계, 종교계, 시민사회에 이르기까지 공고한 진지를 구축하여 헤게모니를 장악한 가운데 군을 약화시키고 고립시키려는 노력을 줄기차게 하고 있으며, 반일반미 정서를 부추기면서 민족자주 정서를 조장하고 있다.

'반공(反共)'은 자유를 위한 위대한 사상투쟁 슬로건이며 한반도에서 자유통일이 이뤄질 때까지 포기할 수 없는 투쟁의 깃발이다.

우리의 경우 사상은 아무리 강조해도 부족함이 없다. 이 점과 관련해서 분명하고 일관된 입장을 주장하고 있는 인사 중 한 명이 전 한림대 총장을 역임한 이상우 박사다. 그는 『월간조선』 2022년 10월호 인터뷰에서 다음과 같이 말했다.

"21세기 냉전의 핵심은 군사력보다 이념과 체제다. …이념이 동맹의 기준이다. …지금은 미국이 자유주의 세계 질서를 주도하고 있다."

- **빈곤의 원인**

사상이 빈곤한 원인은 여러 가지다. 우리가 지켜내고자 하는 사상은 선진 구미 국가들이 채택하고 있는 자유주의다. 자유주의는 구미 선진국들이 400여 년에 걸친 분투와 투쟁 끝에 확립한 계몽사상이다.

대한민국은 1948년 이후 전통도, 뿌리도 없고 사전 지식이나 준비가 전무한 상태에서 구미 자유주의 체제를 모방하기 시작하여 74년이 경과했으나 여전히 확고한 뿌리를 내리지 못하고 있으며 가르침도, 학습도 부실한 상태다.

6.25 전쟁을 치르면서 공산주의에 대한 체험적 지식을 갖게 되었지만, 이것마저도 세월의 흐름과 함께 먼 과거사가 되면서 사상에 대한 무관심이 늘어나고 반공의식이 날로 미약해지는 가운데 친북좌파들은 기세를 올리고 있다.

좌파는 사상 과잉이자 양심 불량이고 우파는 사상 빈곤이자 용기 부족이다. 사상과 이론 면에서 구미 계몽사상을 전공하고 연구한 사상의 대가(大家)가 없었기 때문에 생겨나고 있는 현상이다.

- **좋은 사상, 나쁜 사상**

우리의 삶에서 좋고 나쁜 것을 구분하기란 쉽고도 어렵다. 선과 악에 대한 구분은 쉽지만 정치, 경제와 관련된 문제는 개인 또는 집단의 이해와 관계되기 때문에 단일 기준으로 구분해서 말하기 어렵다.

더욱이 개인의 삶과 국가 운영을 좌우하는 사상을 두고 좋고 나쁜 것을 구분하는 기준을 결정하는 문제는 지극히 중요하다. 지식과 지성이 중요한 것도 이 때문이다.

인류 사회는 지나온 230여 년 동안 계몽사상, 즉 자유주의 사상으로 촉발되었던 프랑스혁명, 미국혁명과 자유주의 사상에 대한 반동으로 생겨난 공산주의 사상으로 촉발된 러시아혁명, 중국혁명이 안겨준 체험을 통하여 보편적 가치를 존중하는 사상이 좋은 사상임을 확신하게 되었다.

보편적 가치(universal values)란 시간, 공간, 인간의 요소와 관계없는 불변의 가치(timeless values)를 말한다.

보편적 가치에 대한 믿음, 보편적 가치를 근본으로 하는 좋은 사상에 대한 믿음은 단순한 지식(knowledge) 이상의 것, '지성(intellectual)'을 필요로 한다.

지식은 아는 것이고 지성은 지적 능력을 뜻한다. 고대 그리스 철학자들이 '지성인(intelligentia)'을 '올바른 것을 인식할 수 있는 능력을 갖춘 자'라고 한 것도 지성이란 단순히 배워서 아는 지식과는 달리 지식을 참고로 하되 이해하고 사고하고 판단할 줄 아는 것이라고 생각했기 때문이다.

대학교를 졸업하고서도 사상을 잘 모르는 원인이 여기에 있다. 지성을 소홀히 하기 때문이다. 한국은 국제사회에서 대학 졸업률이 가장 높은 국가임에도 사상은 가장 빈곤한 국가다.

좋은 사상과 나쁜 사상을 구분해내지 못하거나 소홀히 하게 되면 낭패를 당하거나 좌절을 피할 수 없게 된다.

결론적으로 말한다면 좋은 사상은 '자유주의 사상'이고, 나쁜 사상은 '공산주의 사상'이다. 이것은 인간이 지난 230여 년에 걸친 역사를 통해서 체득한 인류 사회의 결론이다.

물론 역사란 단절 없이 이어지고 그 과정에서 변화무상한 일들이 전개되지만, 지금까지는 자유주의 사상이 가장 좋은 사상이라는 사실에 대해서는 의심해야 할 이유가 없는 진실이다.

우리는 동서냉전의 최전선에서 공산주의 집단에 의한 침략전쟁 6.25를 체험했고, 지금도 여전히 악성 맑시즘 체제인 북한으로부터 적화통일 위협을 받고 있다.

자유주의와 공산주의를 여러 각도로 비교해서 이해할 때 좋고 나쁨의 차이를 쉽게 확인할 수 있다.

① 자유주의(liberalism)는 인간 본성을 존중하고 개인의 존엄성을 최고 가치로 인정하는 사상이지만, 공산주의(communism)는 인간을 본성까지 바꿀 수 있는 개조의 대상으로 생각하고 당과 국가의 하수인으로 취급하는 사상이다.

② 자유주의 국가는 개인의 행복 추구를 절대시하기 때문에 개인의 권리와 자유를 신성시하지만, 공산주의는 당과 국가가 내세운 사상과 정책을 절대시함으로써 개인의 복종과 희생을 강요하는 사상이다.

③ 자유주의는 만인이 법 앞에 평등하고 누구도 법 위에 군림할 수 없는, 법이 지배하는 사회를 지향하지만, 공산주의는 최고 권력자와 당이 법 위에 군림하는 인치사회를 지향하는 사상이다.

④ 자유주의는 만인에게 동등한 기회가 주어지는 사상이지만, 공산주의는 선택된 자들에게만 기회가 주어지는 사상이다.

⑤ 자유주의는 인류의 행복과 번영, 평화와 정의, 안전을 지향하는 사상이지만, 공산주의 사상은 실현 불가능한 만인평등 세상을 지향하는 사상이다.

따라서 자유주의 국가는 자유주의가 내포하고 있는 보편적 가치를 구현하기 위하여 작은 정부, 큰 시장, 최대한의 개인과 기업의 자유, 개인과 기업에 대한 최소한의 간섭과 규제, 법치주의를 원칙으로 국가를 운영함으로써 개인과 기업의 자유와 권리, 안전을 최대한 보장하고 개인의 행복 추구를 고무하지만, 공산주의 국가는 큰 정부, 절대적 간섭과 규제, 시장 부재, 법치 부재를 당연시한다.

이러한 차이는 자유주의 국가에서 "국가가 개인을 위해 존재"하고 공산주의 국가에서 "개인이 국가를 위해 존재"함을 의미한다.

자유주의 사상의 핵심적 요소는 개인주의, 경쟁주의다.

따라서 자유주의 사회에서 개인은 주권자로서, 시민사회 구성원으로서 지켜야 할 덕목(virtues)을 존중하고 자기책임 하에 자립하는 인간으로서 능동적인 삶을 살아갈 때 인간의 존엄성을 지키고 인간다운 삶을 살아갈 수 있다.

그러나 공산주의 사회에서는 개인이 국가를 위해 존재하는 집단주의와 경쟁을 악으로 규정하는 평등주의가 지배하기 때문에 개인은 의존적이고 수동적인 인간으로 살아가야 하므로 인간의 존엄성을 지켜낼 수가 없다.

인간의 존엄성을 지킬 수 없는 사람은 사육되는 동물의 삶과 다르지 않다. 조지 오웰이 쓴 소설 『동물농장』은 전체주의 공산국가를 상징적으로 묘사한 것으로 그곳에서 인간의 삶이 사육당하는 동물의 삶과 다르지 않다는 것을 비유적으로 말하고 있다.

북한의 선전에 속아 환상을 품고 어버이 수령 김일성의 품에 안기기 위해 만경봉호에 올라 북한으로 갔던 재일동포들이 탈북하여 전해주는 이야기는 북한에서의 삶이란 동물왕국의 삶 자체라고 할 수 있다.

이론의 빈곤

• **헌법**

사상 빈곤과 이론 빈곤은 언제나 함께 움직이는 동반자다. 사상을 구체화한 것이 이론이기 때문이다.

구미 선진국의 사상과 이론을 수입하고 제도를 모방한 우리의 경우 74년에 걸친 실천에도 불구하고 노력 부실로 인해 사상이 빈곤한 만큼 이론 역시 빈곤하다. 이론 빈곤이 가장 두드러지게 나타나고 있는 분야가 우리의 헌법이다.

1948년 제헌(制憲) 이래 아홉 번이나 개정한 우리 헌법은 얼마나 완벽할까? 좋은 헌법일까, 나쁜 헌법일까?

아홉 번이나 개헌이 있었음에도 여전히 개헌의 필요성이 제기되고 있는 사실이 우리의 헌법이 불완전하고 결함이 많은 헌법임을 말해주는 증거다.

개헌을 주장하는 인사들이 '87년 헌법'에 의한 '87년 체제'는 생명을 다했다는 이유를 제시하고 있지만, 87년 헌법 자체가 당시 정파 간 정치적 타협의 산물이었을 뿐 이상적이고 완벽한 자유주의 헌법과는 거리가 먼 것으로 헌법 제정 당시부터 개헌의 필요성을 잉태하고 있었다.

언어와 제도가 관습과 전통과 문화를 만든다. 제도를 만드는 것은 인간이지만 일단 제도가 만들어지고 나면 제도가 인간을 지배하게 된다. 제도가 중요한 이유다.

국가는 수많은 제도를 필요로 하지만 가장 으뜸 되는 제도가 '헌법(constitution)'이다. 현대국가는 예외 없이 국가 운영을 뒷받침하는 원리인 사상에 기반을 두고 있다. 주권자인 국민의 동의하에 채택되는 사상을 문서화한 것이 헌법이다.

헌법은 형식은 법률 문서지만 본질은 사상 문서다.

따라서 국가가 결정하고 채택하는 모든 제도와 정책은 헌법 정신에 따라 결정되어야 한다. 헌법 정신을 벗어나면 위헌(違憲), 즉 불법(不法)이 된다. 법치주의를 바탕으로 하는 자유민주주의 국가에서 위헌적 제도와 법률과 정책을 만드는 것만큼 위험하고 나쁜 것은 없다.

불행하게도 한국 정치사회에서는 위헌적 소급입법과 제도와 정책들이 습관적으로 만들어지고 있다. 법치 부재 국가라 해도 과언이 아니다.

제헌 당시의 상황

1948년 5월 10일, 선거를 치른 후 구성된 헌법기초위원 30명, 전문위원 10명이 40여 일 만에 초고속으로 만든 우리 헌법은 모델조차 분명치 못한 헌법이다. 미국식 대통령 중심 헌법이라고 하나 내각제 요소가 가미된 비빔밥 헌법으로 어느 나라 헌법을 모델로 했다는 기록은 그 어디에도 없다.

　　헌법기초위원과 전문위원들은 일제 식민지 치하에서 공부한 법학자, 법조인, 관료들이 주축을 이뤘고 중국에서 독립운동을 하던 애국인사들, 국내 민족진영에 몸담고 있던 인사들로 구성되었을 뿐 구미 선진국에서 입헌체제와 헌법을 체계적으로 연구한 인사는 없었고, 이들 중에는 사회주의 사상에 경도된 인사들까지 포함되어 있었다.
　　기초작업 과정에서 좌장 역할은 일제 변호사 출신 김병로, 이인이 했고, 전문위원으로서 주도적 역할을 한 인사는 일제 법학자 유진오, 일제 변호사 출신인 권승렬과 일제 변호사이면서 관료 출신이었던 윤길중이었다.
　　헌법 기초작업 중 참고로 제공된 자료는 10여 개 구미 선진국 헌법을 소개해놓은 책 한 권이 전부였다. 제헌 기초작업에 직접 참여한 인사들이 구미 선진국 입헌제도와 이를 뒷받침한 사상과 이론에 대한 지식에 한계가 있을 수밖에 없었다는 사실은 유진오가 남긴 『헌법기초회고록』에서 확인할 수 있다. 그가 회고록에서 자신이 참조했다고 밝힌 헌법 관련 문서는 아래와 같다.

　　- 조선 임시 약헌 (1947년 입법의원에서 통과된 것)
　　- 조선 인민의 권리에 관한 보고 (1948년 4월 7일, 하지 중장 포고)
　　- 대한민국건국강령
　　　(민국 23년 11월 28일, 임시정부 국무위원회의에서 공포)
　　- 조선민주공화국 임시 약법

(1946년, 1차 미소공위에 제출 차 준비된
     민주주의민족전선 측 시안)
   - 대한민국 임시 헌법 (민주의원안)
   - 1947년, 2차 미소공위에 제출된
     자문 5·6호에 대한 각 정당 사회단체의 답신
   - 조선민주주의인민공화국 헌법 (괴뢰정권안)
   - 각 정당의 강령과 정책
   - The Constitution of Korea
     (과도정부 사법부, 미국인 고문 우드월 안)

 이 당시 미 군정청이 제헌에 어느 정도 영향을 미쳤는지는 확실치 않다. 미 군정장관이던 하지 중장은 태평양전쟁 당시 맥아더 장군 밑에서 군을 지휘했던 순수 야전군 지휘관이었고 'The Constitution of Korea 안'을 제시했다는 미국인 고문 우드월의 인적 배경도 밝혀진 것이 없다.
 같은 시기에 일본은 맥아더 장군이 점령군 사령관으로 있으면서 가장 완벽하고 이상적인 자유민주주의 헌법을 만들라고 주문했던 것과는 크게 비교되는 부분이다.
 제헌국회 헌법기초위원회가 제출한 최종안은 신익희가 주동이 되어 활동했던 '행정연구위원회'가 1946년 1월 10일부터 3월 1일 사이에 작성한 『한국헌법』과 1948년 5월초 유진오가 법전편찬위원회에 제출한 『헌법초안』, 『사법부제출안』을 절충한 내용으로 되어 있다.
 행정연구위원회는 1945년 12월초 대한민국 임시정부 내무부장

신익희 주관 아래 일제 하에서 고등문관시험에 합격해 관료생활을 했던 장경근, 윤길중 같은 인사들로 구성되었고, 1946년 5월 해산되었다. 이들은 헌법 초안 작성을 위해 바이마르 헌법과 중국의 오권 헌법을 기본적인 헌법 원리로 삼았다.

1948년 6월 3일부터 7월 12일까지 국회에서 3회에 걸친 독회가 있었으나 속기록을 남기지 않았으므로 논의과정이나 내용을 알 길이 없다.

헌법 기초 작업에 참여한 인사들은 일본과 중국이라는 창문을 통하여 오직 서적을 통해서만 구미 선진국을 들여다보았을 뿐 근대국가를 떠받치고 있는 계몽사상에 대한 지식과 구미 선진국에서의 연구나 생활 체험이 빈약하고 전무했던 탓으로 이상적 자유주의 헌법이 만들어지고 선진국 형 입헌체제가 갖추어진다는 것은 불가능했다.

아홉 번에 걸친 개헌이 있었으나 여전히 국가주의적 성향이 짙고 경제 조항에서 사회주의적 요소가 많은 것은 제헌 당시 시대 상황과 깊은 관계가 있다.

지금도 계속되고 있는 '건국일' 시비 역시 제헌 당시부터 헌법 전문에 대한민국 법통이 임시정부에 있는 것처럼 명시해놓았기 때문이다. 국경일에 '광복절'은 있으나 '건국일'은 없다.

- 최초 헌법 전문(1948.7.17.)

"…대한민국은 기미삼일운동으로 대한민국을 건국하여 세계에 선포한 위대한 독립정신을 계승하여 이제 민주 독립 국가를 재건함에 있어서 …"

독립국가 건국이 아니라 독립국가 재건이라고 함으로써 임정에 법통이 있음을 나타내하고 있다.

- 87년 헌법(1987.10.29.)

"…우리 대한민국은 3.1운동으로 건립된 대한민국 임시정부 법통과… 4.19 민주이념을 계승하고…"

최초 헌법 전문보다 임정에 대한민국 법통이 있음을 더 명확하게 해놓았다. 이 당시 개헌작업 참여인사들의 역사관, 정치관의 수준을 가늠할 수 있는 내용이다.

참고로 미 국민이 신성시하는 인류 최초의 성문헌법 전문을 비교해볼 필요가 있다.

"We the People of the United States, in Order to form a more perfect Union, establish Justice, insure domestic Tranquility, provide for the common defense, promote the general Welfare, and secure the Blessings of Liberty to ourselves and our Posterity, do ordain and establish this Constitution for the United States of America."

160여 년에 걸쳐 있었던 식민지 시대, 영국과의 피비린내 나는 독립전쟁이 남긴 역사적 의미 같은 것은 전혀 언급이 없다. 오직 미래를 향한 인류의 보편적 가치인 정의, 평화, 복지, 자유, 번영, 국방이 강조되고 있을 뿐이다.

개헌의 역사를 뒤돌아보면 매번 정파 간에 정략적으로 이뤄졌고 정부 형태 변경과 대통령 권한에 초점이 맞추어져 있었기 때문에 근원적 결함은 계속 방치된 채 오히려 '국정감사'와 '경제민주화' 같은 독소조항이 추가되었을 뿐이다.

지금도 개헌을 주장하는 인사들이 보이고 있는 주된 관심사항은 제왕적 대통령 현상을 극복하는 데 있다. 개헌은 시기가 문제일 뿐 불가피한 과제로 되어 있는 현실에서 다음번 개헌을 어떻게 해야 할 것인가를 결정하는 것은 지극히 중요한 문제다.

인접국 일본이 처음으로 서구식 입헌제도를 모방하면서 헌법을 만든 과정을 참고할 필요가 있다. 1868년 대정봉환으로 권력이 막부로부터 천황으로 이양된 후 입헌체제를 위한 헌법을 제정하는 데 21년이나 걸렸다. 메이지 유신 지도자들은 1875년 입헌체제 수립을 위한 기본방침부터 천명했다.

"점진적으로 입헌제도를 결정하고, 1890년 의회를 개원한다."

정치 지도자들, 사상가들, 학자들이 구미 근대국가의 사상과 이론을 집중적으로 탐색연구하면서 의견과 정보를 교환하고 나름대로의 견해를 갖추어 나아갔다. 필요하다고 생각되는 외국서적을 대대적으로 수입, 번역하고 출판하여 읽으면서 1882년~1889년까지 7년간

계획적 준비과정을 거쳤다.

천황의 명에 따라 이토 히로부미를 단장으로 하는 '유럽 선진국 입헌체제 조사팀'이 1882년~1883년, 1년 수개월에 걸쳐 런던, 파리, 베를린, 비엔나를 방문했고 베를린에서는 당대 최고 법학자로부터 44회에 걸친 강의를 들었고 당시 독일 수상 비스마르크를 만나 조언을 받았다.

헌법 초안 작업 막바지에 가서는 베를린에서 자신들에게 법학 강의를 했던 Isac Albert Moss를 외무성 자문으로 초청하여 도움을 받아 완성, 1889년 확정하고 1890년 의회를 개원했다. 메이지 헌법이 'Moss 헌법'으로 불리는 이유이기도 하다.

지금의 헌법은 2차 세계대전 직후 미군정 하에서 맥아더 장군의 지침과 조언을 받아 만들어진 평화헌법으로 '맥아더 헌법'이라고도 한다. 일본 헌법은 우리 헌법과 달리 모델이 분명한 헌법임을 알 수 있고, 그들이 근본과 기본을 얼마나 중시했는가를 알 수 있다.

삼권분립 및 감시와 견제의 한계

우리 헌법은 행정부 우위로 작성되어 있기 때문에 행정부, 입법부, 사법부 간 감시와 견제(checks and balances)에는 한계가 있을 수밖에 없도록 되어 있어 제왕적 대통령 현상을 피할 수 없다. 한국 대통령은 헌법에 명시된 권한만 행사해도 제왕적 대통령이 될 수 있다.

17대 국회의원을 지낸 한국외대 법학전문대학원 명예교수인 이

은영(李恩榮) 헌정회 개헌특위 위원장이 2022년 『憲政』지 10월호에 제왕적 대통령과 관련된 기고문에서 대통령이 다음과 같은 막강한 권한을 갖고 있음을 강조했다.

- 입법 권한으로서 법률안 제출권, 법률안 거부권,
  긴급명령권, 예산권, 국민투표 부의권
- 비입법적 권한으로서 내각 구성권, 각료 해임권, 감사권,
  국회의원을 장관으로 임명함으로써 입법부에 영향을 주는 것
- 대법원, 헌법재판소, 중앙선관위 등 사법기관의 인사권과 사면권

미국의 경우, 대통령에게 법률안 제출권, 예산 편성권, 감사권은 없다. 입법권 행사로 권한이 비대해질 수 있고, 예산 편성권으로 국가 재정을 좌지우지할 수 있으며, 감사권 남용으로 삼권분립 원칙을 훼손할 수 있기 때문이다. 다만 법률안 거부권을 허용함으로써 의회의 과도한 입법 횡포를 방지하고 있다.

① 예산권 문제

제왕적 대통령이 되게 하는 조항 중의 하나가 예산 문제와 관련된 부분이다. 자본주의 국가에서 정부는 세입세출을 정확하고 엄격하게 처리해야 하고 국가는 이를 제도적으로 뒷받침해야 한다.

그러나 우리나라는 그렇지 못하다. 삼권분립 하에서 예산편성권, 승인권, 감사권은 입법부가 가져야 하고, 행정부는 집행권만 행사

하는 것이 정상이지만, 우리 경우는 대통령(행정부)이 예산편성권과 집행권을 갖고 있고 감사원을 실질적으로 지배하면서 감사권까지 행사하고 있어 국가 재정을 좌지우지할 수 있다.

국회가 회계 감사권을 갖고 있다고 하지만, 상임위원회와 정기국회 기간 동안 한시적으로 운영되는 예산결산위원회는 시간도 부족하고 전문성과 기능성도 미약하여 여야가 정략적으로 합의하여 처리하는 것이 전통처럼 되어 있는 데 비해 대통령은 감사원을 통하여 정치적이고 선택적인 회계감사를 언제든지 할 수 있다.

극단적으로 표현하면 대한민국 대통령은 마음먹은 대로 나랏돈을 쓸 수 있는 그야말로 제왕적 대통령이라 해도 과언이 아니다.

230여 년 동안 세계 역사상 가장 오랫동안 대통령중심제 정부를 운영하고 있는 미국의 예에 비하면 우리의 경우는 부끄러운 수준이다. 미국은 자본주의 국가 챔피언답게 정부가 국민으로부터 세금을 징수하고 사용함에 있어서 세밀하고 철저하다.

하원에는 막강한 권한을 가진 세입세출위원회가 있고, 의회 소속의 예산처(Congressional Budget Office, CBO)와 감사원(GAO, Government Accountability Office)이 있어 예산편성권, 예산승인권, 감사권을 효율적으로 행사함으로써 재정상의 낭비를 막고 국가부채를 효율적으로 관리하고 있다.

250여 명으로 구성된 의회예산처(CBO)가 예산에 관한 정보를 산출하여 상하 양원 예산위원회(the House and Senate Budget Committee)에 제공하면 상하 양원 예산위원회에서 각각 예산안을 작성하고 심의한다. 행정부에서 제출한 예산안은 단지 참고로 이용될 뿐이다.

미국의 GAO는 1차 세계대전 후인 1921년 국가 부채를 효율적으로 관리하기 위해 생겨났고 정부기관 등에 대한 감사, 정부사업과 활동 평가, 정부 회계기준 및 감사기준 제정·공포 등을 주요 업무로 하고 있으면서 3,300여 명의 전문 인력이 매년 1,000건 이상의 사업 평가서를 의회에 제출하고 있다.

GAO가 비록 의회 소속이기는 하지만 독립성을 유지하기 위해 임기 15년인 감사원장 임명 과정을 합리적으로 운용하고 있다. 전문성과 비(非)당파성을 지녀야 하는 감사원장은 대통령이 초당적 위원회(8명)로부터 3명의 후보 추천을 받아 이중 한 명을 선택하여 의회에 통보하면 의회가 최종 승인을 하게 되며 임기 중 대통령 임의로 해임할 수 없고 오직 의회에 의한 탄핵 또는 특별한 경우 상하원 합동결의에 의해서만 해임될 수 있다.

- 레이건 대통령 에피소드

1980년대 미국의 쌍둥이 적자(재정적자, 무역적자) 문제로 민주당이 행정부를 비난하고 나섰을 때 레이건 대통령이 자본주의 국가 운영원리를 상징적으로 말했다.

"I can't spend a penny without your appropriation."

지금 현재 진행 중인 정기국회 국정감사에서 문재인 대통령 재임시 부인 김정숙 여사가 단독으로 인도 방문을 하면서 타지마할을 관광하는 등 국비 4억여 원이 사용된 것을 두고 여야 공방을 벌이고 있고 감사원 독립성 문제를 두고 격돌하고 있는 것은 한국 정치 풍토와도 관계가 있는 것이지만, 원천적으로 감사원의 독립성을 보장하는 제도적 장치가 미흡하고 허술하기 때문이다.

우리 국민은 정부가 어떻게, 얼마나 많은 예산을 낭비하고 있는지 정확히 확인해볼 길이 없다. 대한민국은 위원회 공화국이라 해도 과언이 아니다. 이들 대부분은 국비만 낭비하는 정치용 위원회일 뿐이다.

문 정부 시절 출범한 '사회적 참사 특별조사위원회(사참위)'는 4년간 547억 7,100만원을 쓰고도 결과는 아무 것도 없었다. 국정원 예산의 경우 공작과 관련된 부분은 총액만 명시될 뿐 세부 내용은 국정원장과 실무자, 대통령 외는 알 수 없게 되어 있다. 자본주의 국가에서는 있을 수 없는 일이다.

② 국회 국정감사권 문제

삼권분립을 정면으로 부정하는 조항으로 인력과 시간과 비용 낭비만 초래하는 비생산적 요소로 작용하는 독소 조항이다. 유신헌법에서 없어졌다가 민주화 바람을 타고 1987년 헌법에서 부활한 것으로 선진국에서는 예를 찾아볼 수 없는 한국적 현상이다.

국회 국정감사 대상은 전(全)방위적이고 특히 사법부에 대한 국정감사는 입법부가 사법부에 대해 직접적으로 간섭하는 결과를 초래하기 때문에 삼권분립 원칙을 정면으로 무시하는 행위다.

오늘날 국정감사 현장은 닭싸움터(斗鷄場)와 다를 바 없는 여야 간의 싸움터다. 국정감사 기간은 국회가 권력을 과시하고 정치인들이 자신들을 광고하고 선전하며 갑질을 만끽하는 기간일 뿐이다.

구체적 불법행위가 없는 한 국감 대상이 될 수 없는 기업인들을 무더기로 호출하여 증인석에 앉혀두고 망신을 주는 행태가 연례행사처럼 반복되고 있는 것은 권한 남용일 뿐 아니라 기업에 대한 압박으로 법치국가에서는 상상할 수 없는 현상이다.

부처 공무원들은 지난 해 국정감사 때 지적받은 사항에 대한 시정 결과보고서를 작성하고 당면 감사 준비를 하느라고 수개월을 허비해야 하고 세종시 부처 공무원들은 장거리 왕복을 반복해야 하는 불편과 고통을 감내해야 한다.

이처럼 불합리한 현상은 국정을 방해하고 국민을 불편하게 하는 반국가적(反國家的) 행태라 해도 과언이 아니다. 다음 개헌 때는 반드시 없애야 할 과제다.

③ 사법부 독립 문제

대법원 판사, 헌법재판소 재판관 임명은 대통령이 주도권을 행사하지만, 여당 몫, 야당 몫, 대법원장 몫으로 할당되어 정파별로 안배함으로써 사법부의 정치화를 불가피하게 하고 있다. 이것을 두고 민주원칙을 존중하는 것이라고 주장하지만 결과는 민주주의를 후퇴시키는 원인으로 작용하고 있다.

판사가 헌법과 양심과 정의에 입각하여 판결한다고 하지만, 사회적·정치적 색채가 짙은 사건의 경우 커튼 뒤에서 정치권력이 절대적 영향을 미치는 후진성을 벗어나지 못하고 있다. 사법부 독립이 미약하고 법치가 제대로 행해지지 못하면 정치 역시 후진성에서 벗어날 수 없다.

한국이 정치와 법치 면에서 전근대성을 벗어나지 못하는 근본 원인이 사법부 독립 문제와 직접 연관되어 있다. 우리의 사법부 문화와 전통은 일제 식민지 시대 문화와 전통과 깊이 연계되어 있어 국가주의, 권위주의, 관료주의 경향이 가장 짙다.

지금은 고인이 된 미국헌법을 전공했던 이화여대 사학 교수 조지형 박사가 『사법권의 독립』(2011. 8)에서 한국 사법부가 해결해야 할 문제들을 다음과 같이 지적했다.

- 관료사법제도, 서열위계구조, 권위적 인사 및 승진제도, 법조일원화의 안착, 제왕적 대법원장의 권력, 대법원과 헌법재판소의 대립, 뿐만 아니라 전관예우, 검찰권위주의, 행정부의 사법부 예산편성권 문제도 해결해야 한다고 강조했다.

(예1) 역사바로세우기 재판
5.18 특별법(소급입법, 위헌). 정치검찰, 정치사법부(대법원).

(예2) 박근혜 대통령 탄핵재판
헌법재판소 판결. 정치판결, 촛불판결.

(예3) 전두환회고록 판매금지

광주고등법원 판결.

④ 반자유주의적 경제조항들

사회주의적 요소를 지닌 조항들은 경제 관련 조항에서 가장 많다. 자유자본주의 체제에서 신성시되는 이론 가운데 가장 대표적인 것이 사유재산권임에도 불구하고 이를 침해할 수 있는 여지가 많은 것이 우리 헌법이다.

특히 '경제민주화' 조항은 뜻조차 명확하지 않은 추상적 언어로서 정치적으로 남용될 때 자유 시장경제 원리가 심하게 위축되는 결과를 초래할 수 있다. 한국경제가 관치(官治)시장경제의 틀을 벗어나지 못하는 원인 중의 하나다.

⑤ 단원제의 한계-입법독재, 의회독재 가능

현재의 정치 상황에서 그대로 나타나고 있다.

이상과 같은 본질적 모순을 지닌 헌법에 의존하는 한 정치발전, 법치발전은 불가능하고 시장경제는 심한 제한을 받을 수밖에 없다.

개헌은 시간문제일 뿐 반드시 이뤄져야 하는 숙명을 지닌 과제다. 그러나 개헌은 말처럼 쉽지 않다. 정파 간 생각이 다르고 일차원적 개헌, 즉 과거 개헌처럼 정부 형태에 초점이 맞추어져 있기 때문이다.

지난 날 아홉 번에 걸친 개헌이 있었으나 결함이 많은 것은 법에 따라 국회가 주도했기 때문이다. 이들은 국가와 국민적 차원에서 근대국가의 입헌정부 사상과 이론을 이상적으로 적용하려는 생각과 노력이 부족하고 능력이 뒷받침되지 않았기 때문이다.

다음번 개헌은 국민이 주체가 되어야만 한다. 이렇게 하려면 현행 개헌관계법을 무효화하고 새로운 '개헌관계법'을 만들어 이 법에 따라 국민을 대표하는 현인(賢人)과 지성인들로 구성된 '개헌위원회'가 영원성을 갖는 이상적 헌법을 만들기 위해 국민적 노력을 해야만 한다.

• **이원 (二元)정부론의 함정**

지금까지 거론되고 있는 개헌의 주된 이유는 제왕적 대통령 문제 해소이고 이를 위한 최선책은 이원정부체제인 것처럼 거론되고 있으나 이것만큼 잘못되고 위험한 것이 없다는 것이 나의 견해다. 관용과 타협이 없는 한국정치 풍토에서 현행 대통령의 권한을 산술적으로 둘로 나눠 갖게 하자는 것은 끊임없는 정쟁을 예약하는 것과 같다고 생각하기 때문이다.

우리는 이러한 경우를 이미 경험한 바 있다. 4.19 이후 민주당 주도로 내각제 개헌이 이뤄지고 새 헌법에 따라 민주당 정부가 출범했을 때 총리에 장면, 대통령에 윤보선이 취임했다. 이들은 같은 당 소속이면서 각료 자리를 놓고 요직을 차지하려고 갈등했고 정치는 표류했다.

결국 장면 정부는 5.16 군사혁명으로 인해 단명으로 끝났다. 당시 사회는 빈곤했고 정치권은 무능했으며 국민의 정치수준은 후진국 수준에 머무르고 있었다. 이때 단명으로 끝난 내각제에 의한 장면 정부의 경험이 국민으로 하여금 내각제에 대한 부정적 인식을 갖게 했으나 이는 잘못된 생각이다.

　장면 정부가 단명했던 것은 '내각제' 자체 문제가 아니라 '인간'에게 문제가 있었기 때문이다. 오늘날의 한국 사회는 그 당시와는 비교되지 않을 만큼 다원화되고 자생력이 강화되었기 때문에 내각제에 대한 부정적 인식을 지닐 필요가 없다.

　관료사회, 기업집단, 군, 시민사회가 뿌리를 내리고 있는 환경이므로 내각제로 인한 빈번한 내각 교체에서 비롯되는 한때의 혼란이나 국정 공백은 충분히 견디어 낼 수 있게 되어 있다.

　삼권분립 체제 하에서 행정부, 입법부, 사법부는 주어진 권한을 집중적이고 배타적으로 행사해야만 책임정치가 강화될 수 있고 국정 표류를 방지할 수 있다.

　지금처럼 대통령제 하에서 헌법에 내각제 요소가 있다는 구실로 집권당 소속 국회의원이 각료로 임명되는 것은 권력분립 및 감시와 견제 원칙을 무시하는 것으로 공화 체제를 약화시키는 원인이 되고 있다.

　입헌정부 체제에서 가장 나쁜 체제가 책임성이 애매한 혼합 체제다. 우리나라의 경우가 여기에 해당한다. 이러한 문제점을 피하려면 순수 대통령제, 순수 내각제 중에서 택일해야 한다.

　예컨대 외교·국방은 대통령이, 내치는 총리가 책임지는 이원정부론은 제왕적 대통령의 권한을 둘로 나눠 갖자는 이상의 의미가 없는, 지극히 단순한 산술적 주장이다. 같은 당 소속이면서도 정부 요직을 두고 갈등했던 것이 우리의 정치인들이었고 지금의 정치 풍토는 사상적 갈등까지 겹쳐져 있기 때문에 그 당시보다 더 어렵고 복잡함을 감안하지 않으면 안 된다.

더욱이 일부 이원정부론 안을 제시하고 있는 인사들의 주장처럼 대통령은 직선, 총리는 의회에서 선출하게 되면 정치적 파국을 자초하는 결과를 피할 수 없게 된다. 대통령과 총리 소속 정당이 다를 때 타협이 없는 정치문화에서 인사, 예산, 정책을 둘러싼 갈등과 충돌은 불을 보듯 뻔한 것이 우리의 경우다.

이원정부론을 주장하는 인사들이야말로 과거 경험과 정치 원리를 무시하고 단순한 산술적 논리를 따르는 탁상공론을 일삼는 자들이며 권력을 나눠 갖기를 바라는 정치인들에 영합하려는 기회주의자들이다.

• **신자유주의 비판과 시장만능주의 선동**

2008년 국제금융위기 이후 한국의 정치·지식 사회에서 무비판적으로 진실인 것처럼 통용되고 있는 주장 가운데 대표적인 것이 다음과 같은 내용이다.

"한국사회는 신자유주의에 의한 시장만능주의로 양극화되었다."

이러한 비판의 연장선상에서 이명박 정부는 중도실용노선을, 박근혜 대통령후보는 김종인의 조언을 수용하여 '경제민주화'를 대선공약으로 채택했고, 문재인 정부는 거침없는 반(反)시장경제, 반(反)기업·친(親)노동 정책 노선을 실천했다.

지금은 정계, 학계, 언론계에서 '자유 시장경제(free-market economy)'라는 단어 자체가 외래어처럼 생소해져가고 '사회적 경제,' '소득주도 성장경제,' '사람중심 경제' 같은 정치경제학 사전에도 없는 단어들이 당연한 것처럼 사용되는가 하면 자본주의 국가에서 당연시되는 '성장 우선 정책'을 주장하면 반시대적이고 반사회적인 사람으로 외면당하는 처지가 되고 있다.

그러나 우리 사회에서는 대학에서고 어디에서고 '신자유주의'를 가르치거나 배운 사실이 없다.

우리나라는 건국 이래 원칙 면에서 자유 시장경제를 내세우면서도 실제적으로는 관치 시장경제 정책으로 일관해온 국가다. 내가 아는 한 '신자유주의'라는 정치경제 사상과 이론을 체계적으로 연구하고 대학교에서 가르친 학자가 없음에도 마치 잘 알고 있는 것처럼 글을 쓰고 떠들어대는 정치인, 학자, 언론인들이 많고 특히 좌파 성향 인사들이 심하다.

'신자유주의(neo-liberalism)'는 1938년 유럽에서 태동한 정치경제 사상으로 당시 오스트리아 경제학파의 거두 하이에크(Hayek, 1899~1992)와 미제스(Mises, 1881~1973) 등 구미 정치·경제 분야 사상가들과 이론가들이 주동이 되어 제시했다.

이들은 소련의 국가통제계획경제는 반드시 실패하고 궁극적으로는 인간의 자유를 말살한다는 위험성을 경고하고 작은 정부, 법이 지배하는 자유 시장경제, 정부의 시장에 대한 간섭과 규제의 최소화, 개인과 기업의 자유 확대가 인류에게 번영을 가져온다고 주장하면서 자유방임적 고전적 자유주의와 구별하여 신자유주의(neo-liberalism)라고 한 것인데 이것을 비판하는 국내 지식인들은 마치 1980년대 미국의 레이건 정부와 영국의 대처 정부 때 생겨난 것처럼 주장하고 있다.

신자유주의는 1980년대 와서 세계화 바람을 타고 전성기를 누렸고, 지금까지 지속적인 영향을 주고 있다. 하이에크는 1947년 철학자, 기업인, 언론인 등 39명과 더불어 신자유주의를 확산하기 위하여 '몽페를랭 소사이어티(Mont Pelerin Society, MPS)'를 창립, 매년 각국을 순회하면서 총회를 열고 주요 주제를 선정, 심도 있는 토론과 의견 교환을 하고 있으며 지금은 정규 회원이 500여 명으로 늘어났다.

2022년 10월 4일~8일 사이에 노르웨이 수도 오슬로에서 개최된 창립 75주년 총회에서의 주제는 '21세기를 위한 자유주의 재창조'였고 제시된 주된 논리가 "인간이 자신에게 주어진 정당한 자유를 실질적으로 보호받기 위해 법치, 민주주의, 시장경제, 시민사회 등 네 가지 요소가 인간 자유(liberty)의 하부구조가 되어야 한다."는 것이었음을 성균관대학교 김인철 명예교수가 2022년 10월 13일, 한국경제신문에 총회 참관기를 통해 소개했다.

신자유주의에 대한 비판의 근원지는 유럽이다.

1960년 이후 영국을 중심으로 한 프랑스, 독일의 맑시스트들이 이탈리아 공산주의 사상가 안토니오 그람시의 '문화혁명' 이론을 수용하면서 일차적으로 선택한 투쟁목표가 신자유주의와 세계화 반대였다.

그람시 사상을 따라 문화혁명 노선을 추구하는 맑시스트들을 '신좌파(New Left)'라 한다. 이들이 신자유주의와 세계화를 구미 선진 자본주의 세력들이 국제사회에서의 주도권 장악을 통하여 이익을 독점하려는 음모론의 소산으로 몰아가면서 반(反)자본주의 정서를 확산시켜가고 있는 가운데 한국의 정치인, 학자, 언론인들, 특히 좌파 성향 지식인들이 모방적 비판을 앵무새처럼 반복하고 있다.

노무현 정부에 참여했던 경북대 이정우 교수는 「신자유주의와 한국 경제의 대안」이라는 글에서 이렇게 주장했다.

"한국은 케인즈주의적 복지국가 단계가 없었기 때문에 훨씬 더 비인간적이고 사람 살기 어려운 시장만능주의 또는 신자유주의 체제."

천박한 거짓 주장이다. 한국은 산업혁명 성공으로 자본주의 사회 기반이 갖추어졌던 영국과 달리 케인즈주의적 복지국가를 실현할 만큼 성숙한 자본주의 국가였던 적이 없는 국가였음을 무시한 주장이다.

'케인즈주의(Keynesianism)'란 1930년대 초 세계대공황 극복을 위해 경제학자였던 영국의 케인즈가 내놓았던 사회주의 요소가 가미된 자본주의, 즉 수정자본주의를 말하기 때문이다.

맺음말

자유민주공화국을 수호하려면 이것을 뒷받침하고 있는 기본적인 사상과 이론의 장점과 강점을 알고 있어야 하고 반대세력, 적대세력이 지닌 사상과 이론의 결함과 약점을 알고 있어야만 한다. 자유민주공화국은 슬로건이나 한때의 대중영합주의적인 선심성 정책으로 지켜지는 것이 아니다.

사상이란 '개인의 정신'이자 '국가의 정신'이다.

이념의 시대가 지나갔고 지금은 이념이 없는 시대라는 것은 기만적 선동가의 주장이다. 국가란 보수와 진보, 우와 좌라는 양쪽 날개로 균형을 맞추면서 운영되는 것이라고 떠드는 기회주의적 위험분자들에게 속거나 농락당하는 국민에게도 희망이란 있을 수 없다.

이화여대 박성희 교수가 언론 기고문에서 "납치당한 민주주의부터 되찾아야 한다."고 한 것은 공감을 자아내는 주장이다.

우리의 민주공화국이 정치인, 언론인, 지식인, 민노총, 전교조, 반미친북 성향을 지닌 시민단체들에게 납치당하고 있다고 해도 틀린 말은 아니기 때문이다.

자유주의와 공산주의 간의 대결은 끝났지만 맑시스트들이 꿈꾸는 유토피아에 대한 미련과 희망을 버리지 않고 있는 국제사회 좌익·좌파들은 그람시 사상과 이론으로 무장한 신좌파로 변신하여 자본주의 사회 문화를 청산하기 위한 새로운 이념 투쟁인 문화혁명 투쟁을 벌이고 있고, 가장 뜨거운 투쟁현장이 한반도와 남한사회다.

따라서 극좌 체제인 북한의 핵위협에 직면하고 있는 대한민국 시민과 국민에게 반공은 여전히 현실이다. 반공(反共)이란 反맑시즘, 反공산주의, 反사회주의, 反결과적 평등주의를 위한 투쟁을 의미하는 것으로 자유통일을 달성할 때까지 포기할 수 없는 국민의 사명이다.

"군대의 침공에는 저항할 수 있지만, 사상의 침공에는 저항할 수 없다."

빅토르 위고가 한 말이다.

지금 우리는 세기적 전환점, 역사적 기로에 서 있다. 우리의 갈 길과 목적지가 결정되어 있음에도 국가는 표류하고 국민은 심한 허무주의(nihilism)에 빠져 들고 있다.

흔히 말하는 "역사의 종말"이란 자유민주주의와 자유자본주의 본질을 대체할 수 있는 다른 대안이 없는 현상을 두고 하는 말이다.

국민들이 이름조차 알 수 없는 5.18 민주화 유공자들과 지난날의 민주화 유공자 숫자가 늘어나고 있지만 민주주의는 날로 퇴보하고 파시즘 망령이 배회하고 있는 가운데 제1야당인 더불어민주당은 '민주화 유공자 예우법'을 발의하여 신종 특권계급층, 21세기 귀족계급을 만들어내고자 기를 쓰고 있다.

사상의 빈곤이란 가치관의 빈곤이며 가치관의 빈곤은 인간을 타락시키고 국가 사회를 혼란으로 몰아넣는 원인으로 작용한다. 이 점에서 한국인, 일본인, 중국인은 비교가 되고 있다.

  일본인, 중국인은 큰 것(大)을 위해 작은 것(小)을 버릴 줄 알지만 한국인은 작은 것에 집착하여 큰 것을 버리는 어리석은 성향을 지니고 있다.

  일본인의 경우 메이지 유신의 지도자 사이고 다카모리가 정부 정책에 대한 반대로 반란군을 이끌고 정부군에 반대하여 세이난 전쟁(西南戰爭)을 치르면서 패배하고 자결했으나 훗날 일본 정부는 그가 남긴 메이지 유신에 대한 공적을 인정하여 사면하고 동상까지 세웠다.

  중국인의 경우 신해혁명 지도자 손문(孫文)이 한때 일본에 망명하여 일본 사진업과 영화업계 사업자 우메야 쇼키치(梅屋庄吉)로부터 현재 금액으로 일화 1조 엔이라는 거액의 혁명자금 지원을 받았을 뿐 아니라 성대한 결혼피로연 대접까지 받았음에도 중국인들은 손문을 두고 친일 인사라고 비판하는 중국인은 없었다.

  한국인 중에는 대표적인 반일반공 지도자 이승만을 친일 정치인으로 매도하는 인사들이 적지 않다.

  모택동의 경우 한국 같았으면 감옥에 보내고 온갖 저주를 퍼부었을 것이지만 천안문에 그의 사진이 걸려 있고 중국 지폐에는 오직 그의 초상만 그려져 있다.

  근대화와 한강 기적의 영웅인 박정희는 유신 독재자, 전두환은 5.18 학살자로 매도당하고 있는 것이 한국의 현실이다.

  사상이 깊은 자는 관대하고 큰 것과 작은 것을 구분할 줄 알지만 사상이 빈곤한 자는 작은 것을 위해 큰 것을 주저 없이 버린다. 큰 것이란 보편적 가치를 존중하고 지키는 것이고 작은 것이란 보편적 가치를 소홀히 하고 무시하는 것이다.

지금 이 시점에서 우리에게 큰 것이란 무엇일까?

미국 예일대학교 역사학·국제문제 교수인 티모시 스나이더(Timothy Snyder)가 2022년 9월/10월호 외교문제 전문지인 『포린 어페어스(Foreign Affairs)』지에 「The War between Democracy and Nihilism」 제목으로 기고한 글에서 다시 한 번 확인할 수 있다.

"과거 3세기 동안 리버럴리즘(자유주의)은 민주주의 확산, 노예제 폐지, 인간의 권리 신장을 가져다 준 도덕적 엔진이었고 공산주의를 패배시킨 사상임에도 심한 도전을 받고 있다. 우리는 꺼져가는 엔진에 다시 불을 붙여 살려내야 하고 자유와 사상의 다양성을 유지하면서 미래 세대가 오늘의 우리 세대에 대해 감사할 수 있게 굳건한 자유주의 토대를 구축해야 한다."

자유주의와 관련해서 다시 한 번 강조하고 싶은 점은 개인주의와 경쟁주의의 상관관계다. 자유주의 사상의 본질이 개인주의며 개인주의 특성은 경쟁주의에 있다. 자유주의에서 말하는 개인주의란 단순한 이기주의가 아니라 시민사회 구성원으로서 시민적 덕목을 실천하고 자기 삶에 대한 책임을 지는 자립적이고 독립적인 개인일 때 인간의 존엄성을 지킬 수 있다는 사상을 말한다.

개인주의에 대해 가장 명쾌하게 정의를 내린 사람은 19세기 말 20세기 초, 영국 빅토리아 시대를 풍미했던 사회학자이자 철학자였고 Doctrine of Social Darwinism을 정립했던 허버트 스펜서(Herbert Spencer, 1830~1903)다.

그는 경제에서 자유방임주의와 최소 정부를 주장했고 개인이 사회보다 우선하고 과학이 종교보다 우선한다는 입장을 취했다. 그는 우리가 잘 알고 있는 '적자생존(Survival of the Fittest)'이란 유명한 말을 남긴 인물로서 사회적 진화(evaluation)에 대해서 탁월한 이론을 전개했다.

"진화는 붕괴와 소멸이 있은 다음 이뤄지고, 개인주의는 사회주의와 전쟁을 겪은 후에라야만 받아들여진다."

그는 또 사회가 존재하는 것은 사회구성원의 이익을 위한 것이지 사회 자체 이익을 위한 것이 아님을 강조하면서 개인의 발전과 행복 추구는 사회적 입장에서 끊임없는 경쟁을 통해서만 가능하다는 진화론적 입장을 내세웠다.

우리는 보편성을 갖는 자유주의 사상에 대해 확신을 지닐 때 미완인 정치 근대화, 법치 근대화를 마무리할 수 있고 시민사회의 타락을 방지하고 한강의 기적을 완성할 수 있다.

제5장   종말론의 역사

인류 역사에서 검증된 보편성의 가치

인류 역사를 통하여 실천적으로 검증되고 확인된, 보편성을 갖는 사상인 자유주의(liberalism)와 자유주의 사상에 근거한 자유주의 체제에 대한 확신을 갖는 것에 대해 회의하고 주저할 이유가 없음에도 선진국 문턱에 도달한 자유대한민국이 주사파를 핵심으로 하는 친북좌파와 반자유주의 세력으로부터 위협을 받고 있다는 것은 21세기의 역설이라 할 수 있다.

보편성(普遍性, universality)이란 특정 지역, 특정 개체(個體)에 한시적으로 적용되는 것이 아니라 인간, 장소, 시간에 구애됨이 없이 전체에 대해 영구적으로 적용되는 성격을 지녔을 때 사용되는 단어다. 지구와 우주를 망라하여 적용되고 있는 중력(重力, gravity) 법칙이 보편성을 지니고 있는 것처럼 정치사상과 정치체제에서도 보편성을 지닌 사상과 체제가 있을 수 있다. 보편성은 영원성과 맞닿아 있다. 이와 관련하여 정치사상 면에서 '자유주의(liberalism)'이고 정치체제 면에서는 '자유민주주의(liberal democracy)'이다.

자유주의 사상, 자유민주주의 체제가 보편성을 지닌 것으로 인정되기까지는 하루아침에 일어난 특정한 역사적 사건에 기인한 것이 아니라 긴 세월에 걸쳐 전개된 역사의 진보 과정을 거쳐야만 했다.

기원전 431년 그리스의 페리클레스(Pericles)가 전사자 추도식에서 '민주주의(democracy)'에 대한 정의를 언급한 이래 18세기 계몽주의 사상의 영향을 받아 발생한 프랑스 자유주의 혁명, 미국 자유주의 혁명을 거치고 20세기 초 레닌에 의한 러시아 공산주의 혁명, 중국 모택동에 의한 공산주의 혁명과 1차 세계대전, 2차 세계대전을 치르고 미국과 소련을 맹주로 하는 자유주의 진영과 공산주의 진영 간 냉전(The Cold War)에서 1991년 소련 공산주의 제국이 붕괴하기까지 2,400여 년 이상의 세월을 거치면서 얻어진 결론이다.

이와 관련하여 심층적으로 분석하여 『역사의 종말, The End of History and The Last Man』(1992, 이상훈 옮김)이라는 제목으로 출간한 학자가 미국의 저명한 정치학자이자 정치경제학자이면서 국제문제 전문가인 프랜시스 후쿠야마(Francis Fukuyama, 1952~)다. 그는 저서에서 자유주의 사상과 자유주의 체제가 보편성, 영원성을 갖는 역사 진보의 최종 도달점, 역사의 종말임을 역설했다.

민주주의의 요람인 그리스의 경우 플라톤은 "정치체제에는 일종의 사이클(cycle)이 있다."라고 했고 아리스토텔레스는 "어떤 정치체제도 인간을 만족시킬 수 없다. 불만이 원인으로 작용하여 정권 교체가 끝없이 반복된다."라고 주장했다.

인간 역사 진행 방향성과 시작과 종말론에 근거하여 인간의 운명에 대한 보편성을 강조한 것은 기독교(Christianity)다. "인간은 최초 창조로부터 최후의 심판을 피할 수 없는 운명을 공유하고 있는 존재"라고 한 것은 인간 역사에서 시작과 종말이 있음을 종교적 차원에서 말한 것이다.

- **역사의 종말이라는 관점과 보편적 역사관**

근대적 의미에서 역사의 종말이라는 관점으로 보편적 역사관을 제시한 인물들은 계몽주의 사상가들이다.

독일 철학자 칸트(Immanuel Kant, 1724~804)는 인간의 최종 목표가 '자유의 실현'에 있음을 강조하면서 공정한 시민적 기구에 의한 시민사회 실현이 가능하고 이것이 세계적으로 확산되어 가는 것이 역사의 진보 현상이라는 보편적 역사관을 제시하면서 이에 근거한 '세계정부론'을 주장함으로써 세계주의자(cosmopolitan)의 입장을 취했다.

역사의 종말론을 체계적으로 이론화한 인물은 칸트의 관념론 계승자이자 역사주의에 근거한 최초의 철학자였던 헤겔(Georg Wilhelm Friedrich Hegel, 1770~831)이다. 그는 변증법적 역사관에 입각하여 역사 진보에는 일정한 방향성이 있고 종착점이 있다고 하면서 "지상에서 자유가 실현되는 때"라고 했다.

동양국가들에서는 "단지 한 사람의 인간"만이 자유라는 것을 알고 있고 그리스·로마에서는 "일부 사람"만이 자유라고 느꼈지만 현재의 우리는 "모든 인간"이 절대적으로 자유로운 존재임을 알고 있다고 하면서 인간의 자유는 근대적 입헌국가인 자유민주주의 체제에서 실현되도록 되어 있다고 했다.

1806년 9월 18일, 프랑스의 나폴레옹 군(軍)이 자유·평등의 깃발을 앞세워 프로이센(Prussia)군을 무찌르고 예나(Jena)에 진군했을 때 "역사는 끝났다."라고 한 것은 나폴레옹군의 승리가 단순히 프랑스만의 승리가 아니라 자유주의 국가의 기초를 이루는 자유·평등의 원리가 실현되었음을 의미했다.

자유주의 사회가 그 이전 사회가 지녔던 제반 모순으로부터 해방됨으로써 역사의 변증법적 발전도 종착점, 즉 종말에 도달한 결과 "자유주의 체제보다 더 훌륭한 사회적, 정치적 원리와 제도는 더 이상 있을 수 없게 되었다."고 주장했다.

칼 맑스(Karl Marx)는 변증법적 유물사관에 입각하여 자본주의 체제를 극복한 만인평등의 프롤레타리아(proletariat) 사회인 공산주의 체제가 역사의 종말이라고 했다.

역사의 종말론을 깊이 있게 해설한 20세기 대표적 인물은 러시아 출신 프랑스 철학자이자 정치인이었고 한때 스탈린 추종자였음을 고백했던 코제브(Alexandre Kojève, 1902~1968)다. 그는 파리에서 당대 유명 지성인들을 대상으로 헤겔(Hegel) 철학에 대한 깊이 있는 강의로 유명 인사가 되었고 프랑스의 대표적 신좌파 철학자들인 사르트르(Jean-Paul Sartre), 라캉(Jacques Lacan), 데리다(Jacques Derrida), 푸코(Michel Foucault) 등에게 지대한 영향을 끼쳤다.

1930년대 대다수의 지적 무신론자들이 지적 빈곤에 목말라 있던 때에 그의 강의는 헤겔 관점에 입각한 급진적 자유와 창조적 개인에 대한 상상력을 불어넣었다. 그는 당시 유럽 지식사회 분위기였던 "자본주의와 민주주의는 계몽주의가 실패한 작품이며 공산주의와 파시즘에 의해 파괴될 것"이라는 개념을 거부했으며, "공산주의는 자유와 평등 원리를 햇빛 속에 드러내고 장막 뒤로 사라질 것"이고 "공산주의는 자유주의 정당성을 역사적으로 실증해준 보조자로 확인된 역사적 사건"이라고 말했다.

역사의 종말론에서 이데올로기 역사는 프랑스 혁명, 그리고 나폴레옹 등장과 함께 끝남으로써 동등한 권리와 평등을 실현하기 위한 폭력투쟁은 더 이상 필요치 않은 사상에 근거한 근대적이고 보편적인 균질한 국가가 탄생함으로써 역사의 종말을 고했다고 하면서 "프랑스 혁명의 제 원리(자유, 평등)가 완전하게 실현된 것은 2차 세계대전 전후의 서구 선진국가들이 상당한 물질적 풍요와 정치적 안정을 이룩한 민주주의, 자본주의 체제를 유지함으로써 어떠한 근본적인 모순도 존재하지 않게 되었다."고 했다. 그가 EU에 참여한 것은 EU가 역사의 종말을 상징하는 조직임을 확신했기 때문이다.

코제브가 동서냉전 종식 이전에 헤겔의 역사 종말론을 심도 있게 해석했다면 동서냉전 직후 역사의 종말론을 심층적으로 다룬 정치학자는 프랜시스 후쿠야마(Francis Fukuyama)다.

그는 1991년 이후 자유민주주의와 자유시장경제가 세계적으로 확산되고 있음을 인류의 '사회문화적 진화(sociocultural evolution)와 정치투쟁' 현상으로 규정하면서 "역사의 전 과정은 구체적인 정치·사회적 제도 면에서 자유의 확립에 의해 완결된다."는 입장을 취하고 있다.

그가 말하는 '역사의 종말'이란 방향성을 지닌 역사 진보에서 보편성·영원성을 갖는 역사 발전의 최종 단계는 "더 이상 추가할 것도, 감할 것도 없는 자유주의 체제"를 뜻한다.

지금도 여전히 근대국가로 발전하지 못하고 있는 국가들인 러시아, 중국, 북한을 비롯해 중동, 중남미, 아시아에 산재하고 있으나 이들 국가는 역사의 종말을 향한 과정에서 진통을 겪고 있을 뿐 언젠가는 역사의 종말 단계에 도달함으로써 자유와 평등을 누리게 될 것이라는 믿음을 강조하였다.

대한민국은 겉으로는 역사의 종말에 도달한 것처럼 보이지만 내부적으로는 여전히 갈 길이 먼 나라다.

맺음말

역사 진보의 종착점이라 할 수 있는 자유주의 사상, 이에 근거한 민주주의와 자본주의를 본질로 하는 자유주의 체제에 대한 신앙 차원의 믿음을 견지할 수 있을 때만 이 땅의 친북좌파 세력을 제압하고 반(反)자유주의 세력을 무력화할 수 있고 근대화(近代化)와 한강의 기적(奇蹟)을 마무리함으로써 만인(萬人)이 자유롭고 평등하며 누구도 법 위에 군림할 수 없는 국가에서 인간의 존엄성을 지키는 가운데 행복을 추구하면서 살아갈 수 있다.

국가와 국민이 좌파의 덫에 걸려 있는 상황에서 탁상공론이나 한때의 대중영합 정책, 기만적인 슬로건으로는 덫에서 벗어날 수 없다. 오직 보편성을 갖는 사상과 체제에 대한 굳건한 믿음 위에 서서 영혼과 뜨거운 가슴으로 인내하는 가운데 노력하고 분투할 때만 덫에서 벗어나 미완의 과업을 달성할 수 있다.

그러나 알고 있어야만 하는 중요한 요소가 있다. 물적 기반은 단기간 내 구축할 수 있었지만 정치와 법치와 시민사회 근대화란 정치문화, 법치문화, 시민사회 윤리, 도덕적 문화라는 문화적 기반 구축을 병행해야 하므로 긴 세월이 요구되는 사항임을 인식하고 지혜로운 노력을 기울일 수 있어야만 한다는 점이다.

- **미완의 헌법의 완성은 주권자의 사명이자 책무**

지금 우리는 그야말로 역사의 기로에 서 있다.
    따라서 그 어느 때보다 선견지명과 결단력을 지닌 탁월한 지도자, 위대한 지도자가 필요하고 정직하고 애국심이 넘치는 정치인들, 공직자들, 사회지도층 인사들이 필요할 뿐 아니라 시민사회의 시민적 덕목(德目)인 윤리, 도덕이 그 어느 때보다 강조되어야만 하는 시대다.
    역사의 기로에 선 자유민주공화국의 시민과 국민은 머뭇거릴 수 없다. 주권자이기 때문이다. 사고하고 결단하고 행동할 때만 미완의 과업을 완성할 수 있다. 이를 위한 노력이 결실을 거두려면 첫 번째이자 기본적인 과제가 개헌 작업이다.
    입헌 체제에서 헌법이란 국가체제의 바탕이자 국가운영 원리이므로 헌법이 선진국 수준의 근대성을 지니지 못하면 정치 근대화, 법치 근대화는 요원하고 근대적 정치문화, 근대적 법치문화 창조는 불가능하다.
    대한민국 헌법은 국적이 불분명하고 허술한 모방 헌법이자 개헌이 불가피한 결손(缺損) 헌법이다. 결손 헌법이란 미완의 헌법임을 뜻한다. 결손 헌법, 미완의 헌법에 의존하는 한 대한민국 입헌체제는 전근대성에서 벗어날 수 없게 되고 국가의 근대화 완성은 불가능하게 된다. 미완의 헌법을 완벽한 헌법으로 만드는 일은 빠를수록 좋고 어떤 경우에도 포기할 수 없는 주권자의 사명이자 책무다.

지금은 우리 모두가 니체(Friedrich Wilhelm Nietzsche)가 말한 '가슴이 텅 빈 인간'이 아닌가를 한 번쯤은 생각해 봐야만 하는 중요한 시기다. 가슴이 텅 빈 인간이란 지독히 현실적이고 너무나도 세속적이어서 이상도, 사상도, 신념도 없고 미신도 갖지 않는 기민한 현대인을 말한다.